Pierre Martin de La Martinière, Johann Georg Lange

Herrn Martinieres neue Reise in die nordischen Landschaften

Pierre Martin de La Martinière, Johann Georg Lange

Herrn Martinieres neue Reise in die nordischen Landschaften

ISBN/EAN: 9783743602465

Hergestellt in Europa, USA, Kanada, Australien, Japan

Cover: Foto ©ninafisch / pixelio.de

Weitere Bücher finden Sie auf **www.hansebooks.com**

Herrn Martiniere
Neue Reise
In die Nordischen Landschafften.
Das ist:
Eine Beschreibung
Der Sitten / Gebräuche / Aberglauben / Gebäuden / und Kleidung der Norweger / Lapländer / Killopen / Borandianer / Siberianer / Samojeden / Zemblaner und Eißländer / Sampt einem Bedencken über den Irrthum unser Erdbeschreiber / wo nemlich Grönland und Nova Zembla liegen / und wie weit sie sich erstrecken.

Aus dem Englischen ins Deutsche übersetzet
Durch
Johann Langen.

Hamburg /
In Verlegung Johann Naumans und Georg Wolffs / Buchhändler.

Gedruckt zu Glückstadt bey Melchior Kochen / Im Jahr 1675.

Dem Hoch und Wohlgebohrnen Grafen
und Herrn/

Herrn Burchard/

Grafen von Ahlefeldt/ auff Sachstorp und
Colmer/ Rittern/ Ihr. Königl. Mayest. zu Dännemar-
cken/ Norwegen hochbetrauten Kammer-Herrn und
Land-Rath in den Fürstenthümern Schleß-
wig Hollstein.

Unsern Gnädigen Grafen und Herrn/

offerirt
von
Johann Naumann/ und
Georg Wolffen/
Buchhändlern.

Register.

Cap.   **Pag.**

I. Wie der Author zu Copenhagen sich auff ein Königl. Dänisches Schiff von der Nordischen Compagnie begeben/ und dessen Ankunfft zu Christiania in Norwegen.   1

II. Was von der ümb Christiania liegenden Gegend sonderlich zu mercken; Imgleichen die Sitten und Gebräuche der Einwohner in Norwegen.   3

III. Ihr Weg nach der Elends-Thiere Jagd. Die lächerliche Meynung von der Krafft und Tugend der Elends-Klau; Die Macht und Ansehen des Norwegischen Adels.   4

IV. Der Author gehet wieder zu Schiff zu Christiania; Seine Ankunfft zu Bergen in Norwegen/nebenst etlichen sonderbahren Sachen von derselbigen Stadt.   6

V. Wie der Author von Bergen abgesegelt und zu Drontheim ankommen.   7

VI. Wie der Author von Drontheim verreiset/die Silber uñ Kupffer Bergwercke/so dem König von Dennem: zugehören/zubesehen.   8

VII. Sonderbahre Nachricht von den Silber- und Kupffer-Bergwercken in Norwegen.   9

VIII. Wie der Author von einem Norweger auff seiner Rückreise von den Bergwercken nach Drontheim tractiret worden.   11

IX. Der Autor gehet zu Drontheim wieder zu Schiffe; Die Schiffleute müssen Wind kauffen uñ die Gefahr in der Nord See zuschiffe.   12

X. Ihre grosse Gefahr in einem Sturm.   14

XI. Des Authors Ankunfft zu Varanger in Lapland/ so unter dem Gebiet des Königes von Dännemarck ist.   15

XII. Von den Sitten/ Gebräuchen/ Aberglauben und Kleidung der Dänischen Lappländer.   16

XIII. Des Authoris Abreise von Varanger nach Mourmanskire.   18

A iij   XIV. Wie

Register.

XIV. Wie wir durch die Renn-Thiere in Lapland geführet worden/und von etlichen sonderbahren Eigenschafften dieses Thiers. 20

XV. Des Authors Anfunfft zu Mourmanstoimore sampt etlichen sonderbahren dieses Land/betreffenden Dingen. 22

XVI. Des Authors Reise in das Land der Killopen/und derer Manier zu leben. 23

XVII. Des Aushors Anfunffe in das Muscowitische Lapland/ihr Handel/Sitten und Gebräuche. 24

XVIII. Des Authors Anfunfft zu Kola/die Situation der Stadt/die Art ihrer Gebäude/und andere merckwürdige Dinge. 26

XIX. Der Author verlässet Kola wegen seiner angestellten Rückreise nach Varanger/die lustige Begräbnuß-Art unter den Muscowitischen Lapländern. 27

XX. Die Werck und Verrichtung dieser Lapländischen Weiber/nebenst andern sonderlichen Dingen dieses Orts. 29

XXI. Der Author begegnet auff seiner Rückreise einen Muscowitischen Lapländer/der auff die Jagt gieng. 31

XXII. Der Author kömpt wieder nach Varanger/die Geschicklichkeit der Lapländer in Werffen ihrer Wurff-Pfeile/im Schiessen mit ihren Bogen/und andern sonderbahren Dingen. 31

XXIII. Der Author gehet von Varanger ab zu Segel; Die Fortsetzung seiner Reise/und andere sonderbahre Dinge. 33

XXIV. Wie die Dänischen Schiffe/so mit dem Author aus Dennemarck gesegelt/einander wieder angetroffen/wie sie durch Sturm vorher von einander kommen/und eine Erzehlung was ihnen beyderseits begegnet. 35

XXV. Der Dänischen Beschluß in Boranday zu handeln/und wie der Author sich mit ihnen dahin begeben. 36

XXVI. Die Statur/Kleidung/Gebäue/und Manier zu leben der Borandianer/nebenst andern sonderbahren Dingen. 37

XXVII. Wie sie die Dänen am Bord tractirten/und des Authors Reise in Boranday. 38

XXVIII. Die Fortsetzung des Authors Reise in Boranday/und etliche sonderbahre Sachen/von den Einwohnern daselbst. 40

XXIX. Der Author begegnet einem Borandiner Herrn/der nebenst zween seinen Dienern von der Jagt kam/sampt einer Beschreibung ihrer Kleider. 42

XXX. Des

Register.

XXX. Des Authors Wegzug von Vitzora nach Potzora/und sein Handel daselbsten. 44

XXXI. Des Authors Abschied zu Potzora nach Siberia zu gehen; wie er daselbst fünff Personen antraff/ die von den Groß-Fürsten ins Elend dahin verschicket waren; den elenden Zustand/ so sie ausstehen musten/ und seine Ankunfft zu Papinogorod. 46

XXXII. Wie die Dänen zu Papinogorod bey dem Gouverneur, und der Author unter andern empfangen worden. 51

XXXIII. Der Dänen und des Authors Handelung in Papinogorod/ die Situation der Stadt/ sampt der Kleidung und Sitten der Siberianer und Muscowiter. 52

XXXIV. Des Authors Wegzug von Papinogorod zu den Schiffen/ seine Reise durch Samojesia/ nebenst deren Sitten/ Gewonheiten/ Kleidung/ und dergleichen. 54

XXXV. Des Authors Abreise von Boranday nach Nova Zembla/ da er einen Hauffen derselben sahe die Sonne anbeten/ und zween andere/ die vor einen Götzen/ genandt Fetizot/ ihren Gottesdienst verrichteten. 56

XXXVI. Von der Kranckheit des Scharbocks/ mit welcher der Author und die meisten Dänen auff ihrer Reise angegriffen worden. 57

XXXVII. Unsere Fischerey der See-Pferde oder Meer-Rösse/ nebenst einer Erzehlung/ wie zween unserer Schiffleute durch Bewegung eines See-Pferdes Schwantzes ertruncken. 59

XXXVIII. Die Verwegenheit der Bähren auff dem Gebirge bey Voygat; Wie die Dänen viel Vogel fangen/ die sie Pingoins heissen. 61

XXXIX. Von einem Zemblaner/ welchen wir bald gefangen/ von einem andern nebenst seinem Weibe/ die wir in ihrem Schifflein oder Canoe bekamen/ sampt der Art/ wie dieselben gebauet sind. 63

XL. Wie Sie noch einen ander Zemblaner sampt seinem Weibe bekommen; Ihre Kleidung/ Gewehr/ und Art zu leben. 64

XLI. Wie wir von Zembla weg und wieder heimkehreten/ unser Ankunfft in Grönland. Der Wallfisch-Fang/ und die Art und Weise Thran daraus zu machen. 66

XLII. Des Authors Weg-zug von Grönland/ welcher drey Sonnen gesehen; Die Schiffe werden von einem Gewaltsamen Ungewitter an die Isländische Kusten getrieben. 67

XLIII. Der

Register.

XLIII. Der Author steiget ans Land / seine Ankunfft zu Kirkebar / seine Reise zu den Berg Hecla: Die Gefahr / darein er allda fiel / die wunderbahren Wirckungen zweyer Brunnen / welche auff dem Hügel Spitz entspringen / und andere sonderliche Dinge mehr.   69

XLIV. Die Wohnung / Art zu leben / und Aberglauben der Isländer / nebenst andern sonderbahren Dingen.   72

XLV. Des Authors sampt der übrigen Dänen Wegzug vom Vorgebirge Hori; Ihre Ankunfft zu Kopenhagen / und daß Ihr. Mayest. von der Nordischen Geschellschafft in zwey Meer-Pferds-Hörnern bestehendes übergebenes Geschenck / welche vor Einhörner angenommen worden.   74

XLVI. Der gemeine Irrthumb von dem Einhorn / und dessen Horns Krafft und Tugend.   76

XLVII. Des Authors Bedencken über einen Irrthumb / so unsere Welt-Beschreiber haben / in Setzung Grönlands und Zembla / mit Anmerckungen über die / so von Boygar und den Samojeden geschrieben haben.   78.

E N D E.

Herrn Martiniere Reise
In die Mitternachtischen Landschafften.

Das I. Capitel.

Wie der Author zu Copenhagen sich auff ein Königl: Dänisches Schiff von der Nordischen Compagnie begeben / und dessen Ankunfft zu Christiania in Norwegen.

IM Jahr 1647. richtete Fridericus der III. dieses Nahmens König in Dennemarck / aus tragender Sorgfalt für seine Unterthanen/ und zu Beförderung derer Kauffhandels zu Kopenhagen/ (welches die Haupt-Stadt dieses Königreichs ist) zwo Compagnien oder Gesellschafften auff / eine nach Ißland/ und die ander nach dem Nord. Welche Letztere / als sie den Vortheil ihrer Handlung in Norwegen verspürete/ vermöge dem/was in ihren Patent verfasset war/umb das Ende des Februarij 1653. Ihrer Mayest. vorstellete / daß dero Nutz/ wenn sie ihre Handlung weiter als bißher geschehen / führen / selbige möchten vermuthlich viel zunehmen und sie sonder Zweiffel mit allerhand Nutzbarkeiten/ deren sie annoch ermangelten/ wieder heimkommen würden.

Der König/ als er ihre Bitte angenommen/ verwilligte solches allergnädigst / und ward die Compagnie darauff alsofort drey Schiffe zu solcher Reise auszurüsten bewogen.

Weil ich denn gleich zu der Zeit zu Copenhagen war und gehöret / daß

Ihre

Ihre Mayest. denen/ so die Reise mit thun wolten anbefohlen/ daß sie von allen Kusten und Orteern/ wohin sie kämen/ gantz genaue und fleissige Kundschafft einziehen/ und davon allen müglichsten Fleisses Ihr Bericht abstatten solten/ damit dadurch die Reise hinführo allewege möchte mit Nutz angestellet werden/ entschloß ich mich bey einen meiner Freunde/ der fürnehmlich bey dieser Sachen interessiret war/ mich anzugeben/ und vermittelst seiner Beförderung zu erlangen daß ich in die Compagnie mit angenommen/ und vor einen Schiffs Chirurgium oder Wund-Artzt/ auff einen dieser Schiffe mitgehen mochte.

Wie wir nun mit aller Nothdurfft versehen waren/ giengen wir nach 6. Tagen zu Schiff/ und setzten mit einen schönen Süd-Wind die Segel bey/ giengen bey Lande biß Katgat, (welches die Frantzosen Trou de chat heissen) welches eine Meer Enge ist/ so das deutsche Meer und dem Belt von einander theilet; ein sehr gefährlicher Ort durchzufahren/ wegen der Klippen/ und liegt in der Länge viertzig Meilen von Elsenör biß Scagerhore.

Als wir von dem Maestrand/ welches ein kleiner Hafen/ bey 30. Meilen von Copenhagen ist/ abkommen waren/ wurden wir mit einen harten Wind aus Norden überfallen / und zehen Meilen wieder zurücke getrieben/ welches uns zu unsere Hafen zu nehmen/ und unter das Land bey Schlott uns zu begeben nöthigte/ woselbst wir sicher unter dem Schloß lagen/ ob selbiges uns gleich nur wie ein alter unbewohnter Steinhauffe vorkam/ so viel Jahr wüste gelegen/ und nichts merckwürdiges/ ausser daß hohe anliegende Vorgebirgs hatte.

Nachdem wir allda zween Tag vor Ancker gelegen/ entschlossen wir uns den dritten Tag vor der Sonnen Auffgang/ vermittels eines Ostwindes/ unsere Reise wieder fortzusetzen.

Wir hatten nicht über vier Stunden fortgesegelt/ da wurden wir von einem Nord-Nord Osten-Wind an unserer Reise verhindert/ welcher uns von der Kuste bey Gottenburg auff die Jüttländische Bäncke triebe/ auff welchen/ weil selbige voller Sand sind/ wir fast alle Augenblick Grund suchen musten. Wie wir also segelten/ führet uns ein Süd-Wind an einen Ort/ da wir nur drey und einen halben Faden tieff Wasser hatten/ allwo wir sonder Zweiffel gestrandet/ wenn nicht unsers Piloten Geschickligkeit das Schiff abgewendet/ und mit Hülff eines favorablen Windes einer halben Stunde an einen andern Ort/ woselbst wir funffzehen und mehr Faden tieff Wasser antraffen/ geführet hette/ welches uns mit einem Selten Wind die See/ so gut als wir kunten/ zu halten nöthigte/ sonst hetten wir eben wie zuvor müssen wieder zurücke kehren.

Wir hatten noch nicht zwo Meilen von dem Ort/ da wir vormahls fast ge-
stran-

stranbet hatten/ gewonnen/ davor fielen wir in einen Waſſer-Strubel oder
Drehe/ welcher unſer Schiff/ dem Wind zu troh/ dermaſſen gleich als ob wir für
Incker lagen anhielt/und drang uns alle Segel auſſer dem Meyſan einzuziehen/
und machte uns bey zwölff Stunden viel zu ſchaffen daraus zu kommen/ aller
angewandten Mühe aber ungeachtet/ kunten wir uns doch nicht forthelffen biß
der Wind Süd-Süd Weſt ward/ und uns Gelegenheit gab unſere übrige Segel zu gebrauchen/und uns langs der Kuſten von Bahus fort zu treiben.
 Wie wir nun dergeſtalt etliche Tag und Nacht nach unſerm Gefallen ge-
ſegelt/ bekamen wir den achten Tag frühe Morgens das Vorgebirge Chri-
ſtianSand ins Geſicht/ ein klein aber wegen ſeines bequemen Hafens be-
rühmtes Städtlein/von dannen wir folgende Nacht zuChriſtiania anlangeten.

Das II. Capitel.

Was von der ümb Christiania liegenden Gegend ſonderlich zu mercken/ ingleichen die Sitten und Gebräuche der Einwohner Norwegen.

WJe wir nun in den Hafen zu Chriſtiania eingelauffen/ begaben wir uns
alſofort aus Land/ unſere Brieffe bey zween allda wohnenden Kauff-
leuten/ welche Glieder der Geſellſchafft waren/ abzugeben/ welche nachdem ſie
vernahmen/ daß unſer Vorhaben zu Beförderung unſerer Handelung in Norden angeſehen/ und von dem König in Dennemarck zugelaſſen worden/ empfiengen ſie uns ſehr freundlich und tractirten uns herrlich.
 Einer von dieſen Kauffleuten/welcher ſahe daß ich ein Frembder/ und durch
einem von den Vornehmſten der Compagnie recommendiret war/ mir ſo viel
als zu der Zeit müglich/ das Land zu zeigen/ befahl ſeiner Knechte einen/ der
Frantzöſiſch redete/ daß er mich 2. oder 3. Meilen ins Land hinein begleitete/ und
als wir uns beyde zu Pferde geſetzet/ ritten wir folgenden Morgen früh mit einander nach Wisby/ ſo ein groſſer Flecken iſt bey 3. Meilen von Chriſtiania/
zwiſchen zween Bergen gelegen/deſſen Häuſer von Holtz ohn alles Eiſer-Werck
und Fenſter gebauet ſind. Das Liecht oder den Tag bekommen ſie oben durch
eine Art Kayfenſter/ ſo von Turff oder Raſen gemacht iſt.
 Die Norweger ſind gutherzig/Gaſtfrey/ der Fiſcherey viel ergeben. Ihre
für-

fürnehmste Handlung bestehet in Heringen/ Klipfisch/ Rundfisch/ Stockfisch/ und dergleichen/ beydes gesalzen und getrocket/ Sie sind gemeiniglich der Edel-Leute Leibeigene.

Die Weiber sind mehrentheils freundlich/ aber geil. Sie lieben die Frembden/ sind gute Haußhalterin/ spinnen alle ihre Kleidung/ und warten ihr Viehe/ dessen sie eine grosse Menge/ wie die in Franckreich/ haben/ sie haben ein grossen Vorrath an Wild/ als Elendthier/ Hirsche/ Rehebock/ wilde Ziegen/ Bähren/ Caninichen/ Hasen/ Allerhand Gevögel/ benebenst Fisch-Otter/ Biber/ Luchse/ und wilde Katzen von allerhand Farben.

Norwegen ist grösten Theils ein Gebirgicht Land/ und können nicht so viel als vor ihr Brodt nöthig darinnen bauen/ wiewol sie dessen einen guten Vorrath haben/ wird aber von andern Ländern vermittelst der Schiffart dahin gebracht/ wie denn auch der Mangel des Ackerbaues durch ihre viele Viehzucht und grosse Menge des Holtzes überflüssig ersetzet wird.

Das III. Capitel.

Ihr Weg nach der Elends-Thiere Jagt/ die lächerige Meynung von der Krafft und Tugend der Elends-Klau; Die Macht und Ansehen des Norwegischen Adels.

Nachdem wir von Wisby wieder nach Christiania reiseten/ begegneten wir einen Edelmann und seinen zween Dienern die auff die Jagt giengen/ samt ihren Jagt-Hunden hinter ihnen her. Der Edelmañ/ so die Person welche bey mir war/ kennete/ fragte ihn ob wir uns erlustieren/ und der Jagt eines Elend-Thiers zusehen wolten/ welches wir annahmen/ und giengen mit ihm bey einer viertel Meile fort/ da wir einen von des Edelmanns Jägern mit zehen oder zwölff seiner Bauern antraffen/ welcher uns bey drey viertel Meilweges weiter in einen grossen Wald führete/ der so dicke war/ daß wir unsere Pferde mit einem Knechte davor lassen/ und zu Fuß hinein gehen musten.

Weil nun des Tages zuvor durch die Knechte/ alles was zum Handel dienet/ fertig gemacht war/ und wir kaum zween Pistolen Schüsse in das Holtz hinein kommen waren/ sahen wir ein groß Elend-Thier vor uns hinlauffen/ und
plötz-

plötzlich ohne Lösung einiger Rohrs oder Schusses niederfallen. Diese seltzame Begegnüß verursachte mich meinen Gefehrten zu fragen / was doch die Ursache dessen seyn möchte: Da erzehlte er mir / daß es eine Art einer fallenden Sucht were / welche dergleichen Thiere begegnete / von welchem es auch seinen Namen Elend / wie sie es nennen / hette / welches bey uns miserabel oder elendiglich bedeutet. Dieses Thier war seiner Grösse nach so hoch als ein Pferd / und am Leibe gestalt wie ein Hirsch / doch breiter / von höhern Beinen / der Fuß breit und gespalten / der Kopff / dicke und zottichte. Wo es nicht diesen Anfall hette / würde es / so viel ich von dem Edelmann vernahm / nicht so leicht zu fangen seyn. Welcher / als er solches in diesem seinen Anfall getödtet / sich bey seits begab / denn es lieff noch zwo gantzer Stunden ohn einiges Fallen / herumb / er hette es auch nicht bekommen / wenn es nicht an seiner Kranckheit wie zuvor noch einmahl niedergefallen were / nachdem es vorher drey von seinen Hunden mit seinen fordern Füssen zu Boden geschlagen hatte. Darüber der arme Edelman sich so eifferte / daß er diesen Tag nicht weiter jagen wolte. Ließ derhalben einen kleinen Wagen aus einem Meyer-Hoffe / ohngefehr eine halbe Meile davon / holen / und dieses Elend-Thier in sein Hauß führen / welches nach alter Manier / wie die andere alle in diesem Lande / gebauet war. Dahin er uns ihm Gesellschafft zu leisten sehr nöthigte / und tractirete uns bey unser Ankunfft höfflich.

Dieser Edelmann / weil er von meinen Cameraden verstund / daß ich ein Frembder / und von einigen von der Nordischen Compagnie zu Copenhagen recommendiret war / bewegete solches ihm / daß zum Zeichen seiner Freundschafft mir die zwey hinter Füsse des neulichst von ihm gefälleten Elend-Thiers verehrete / und gab mir dabey zu erkennen / daß selbige die höchste Artzney wider die fallende Sucht oder schweren Gebrechen were / Ich konte mich als er solches mir zustellete / des Lächlens nicht enthalten / und als er dessen Ursache zu wissen begehrte / gab ich dem Edelmann zu verstehen daß mich wunderte / wie daß weil der Fuß so grosse Tugend hette / das Elend-Thier sich nicht selber / angesehen es solchen allezeit an sich trüge / damit curiren könte. Der Edelmann dachte dem nach / was ich sagte / fing selber an zu lachen / und sagte daß ich recht hette / erzehlete mir auch / daß er solches vielmahls an den Leuten in dieser Schwachheit versucht / aber niemahls einige gute Wirckung davon gesehen hette / und bekante frey heraus / daß er nichts auff dessen Krafft hielte / weil selbige nur erdichtet / und ein lauter Irrthumb des gemeinen Manns were.

Den nechstfolgenden Morgen frühe / nachdem wir das Frühestück mit dem E-
del-

delmann gehalten/ bedanckten wir uns für sein gut tractament, nahmen unsern Abschied / und kamen wieder nach Christiania.

Weil ich in vorhergehenden Capitel der Sitten der Einwohner gedacht/ so wil ich allhier davon diese Beschreibung geben / daß die von Adel dieses Landes/ Weise/ verständige/ und doch darneben tapffere Leute sind/ sie haben die grössesten Aempter des Königreichs in ihren Händen/ und sind in ihren absonderlichen Gebieten absolute Herren/ Tyrannen über ihre eingesessene Einwohner/ gute Soldaten zu Wasser und Lande/ und der Arbeit ergeben.

Das IV. Capitel.

Der Author gehet wieder zu Schiff zu Christiania/ Seine Ankunfft zu Bergen in Norwegen / nebenst etlichen sonderlichen Sachen von derselben Stadt.

Nachdem wir vier oder fünff Tage zu Christiania stille gelegen/ nahmen wir unsern Abschied von unsern zween Kauffleuten von der Nordischen Compagnie/ welche unser Ordre confirmireten und uns eine gute Reise wünscheten. Als wir ins Schiff kommen/ zogen wir die Ancker auff/ giengen aus den Hafen / und verfolgeten unsere Reise bey einen guten Nord-Ost Wind/ welcher nachdem er biß nach Stafanger gewehret / da ergriff uns so eine grosse Meer-Stille/ daß weil wir nicht weiter fortkommen kunten/ wir uns selbst die lange Weile zu vertreiben und die Zeit zu kürtzen/ vornahmen zu fischen. Und weil die Norwegische Kuste so Fischreich ist von allerhand Arten Fischen/ fingen wir so viel Fische / daß wir damahls mit Fisch-Essen die Fasten-Zeit wiewohl zu einer andern Zeit des Jahres hielten.

Nachdem uns das stille Wetter fünff gantzer Tage nach einander an diesem Ort auffgehalten/ so begünstigte uns den sechsten Tag zur Nacht ein frischer Süd-Ost Wind/ welcher uns in kurtzer Zeit nach Bergen/ wohin wir zu gehen gedachten/ brachte / und liessen allda die daselbst hin verordnete Wahren ausladen.

Als ich in die Herberge/ welches eine von den besten in gantz Europa ist/
kam/

kam/ und in dem die Außladung geschahe/ Zeit hatte/ gieng ich in die alte Stadt/ welche ohngefehr so groß ist wie Abbeville/ und theils hoch auff Stein-Klippen/ theils an dem Strand erbauet ist. Itziger Zeit ist sie berühmt wegen des Kauff-Handels/ vor Alters ist ein Ertz-Bischoffthumb allda gewesen/ aber anitzo nach beschehener Reformation an diesen Orten / ist solches abgeschaffet / und der Bischöffliche Pallast den dreyen Hansee Städten Hamburg/ Lübeck/ und Bremen/ zur Niederlage ihrer Güter eingeräumet / und durch den König von Dennemarck mit allerhand Privilegien bestätiget.

Diese Niederlage oder Handlungs-Hauß wird das Closter / und die darinn wohnende Factoren, werden Mönche genennet/ wiewohl sie keinen sonderlichen Habit haben/ noch einige Gesetze observiren und halten/ als nur daß sie ausser der Ehe leben. Wenn aber einige solche Gesetze nicht zu halten vermögen oder sonsten zu heyrathen gesinnet sind / müssen sie diesen Ort verlassen/ und sich an einen andern Ort begeben/ jedoch mit dem Vorbehalt / mit ihren Brüdern zu handeln und zu correspondiren / als es ihnen gut düncket. Ihre fürnehmste Handlung bestehet in Heringen/ Barben/ Rund- und Stockfisch/ welcher treuge/ in grosser Menge nach Muscau/ Schweden/ Polen/ Dennemarck/ Deutschland/ Holland/ und andere Länder verführet wird.

Das V. Capitel.

Wie der Author von Bergen abgesegelt und zu Drontheim ankommen.

So bald die an diesen Ort verordnete Güter außgeschiffet waren/ gieng ich wieder an Bord. Und weil der Wind in einer halben Stund sehr gut und Süd-West ward/ zog unser Schiffer die Ancker auff/ und als bequeme Segel beygesetzet / giengen wir nach der Drontheimischen Küsten/ wohin unsere halbe Ladung den Ober-Auffseher über die Silber und Kupffer Berg-Wercke überliefert solte werden/ umb dadurch die Bergleute mit Bier und Brode zu versorgen.

Wir waren noch nicht über den halben Weg kommen/ da setzte der Wind so starck auff uns zu/ daß wir in funfftzehen oder sechtzehen Stunden biß an das Land hin kamen/ aber in einen Augenblick wieder erniedriget wurden/ und befunden uns endlich in einer Meer-Stille.

Es

Es ist den Seefahrenden Leuten nichts verdrießlicher als die Stille des Meers / und weil sie nicht wusten wie sie die Zeit vertreiben sollen/ suchten sie ihre alte Ergetzligkeit in der Fischerey/ und fingen eine solche grosse Menge Klipfisch/daß sie einen grossen Theil desselben einsaltzen musten/ welches uns hernachmahls wohl zu statten kam.

Dieser Fisch ist ein Art der Barben/ aber grösser als der welchen sie in dem neu erfundenen Lande bekommen / welcher / weil er sich unter den Klippen aufhält/ von den Deutschen Klipfisch genennet wird/ welches in selber Sprache so viel heist als Fisch von den Klippen.

Nachdem wir nun etliche Tage also von der Stille des Meers auffgehalten worden/ entstund ein West-Süd West/welcher uns sehr behülflich war nach Drontheim zu kommen/ woselbsten wir drey Tage darnach anlängeten.

Das VI. Capitel.

Wie der Author von Drontheim verreiset/ die Silber und Kupffer Berg-Werck / so den König von Dennemarck zugehören/ zu besehen.

So bald wir zu Lande kamen/giengen wir zu dem General Ober Auffseher/ über die Berg-Wercke/ ihm unsere Schreiben zu übergeben/ und ersuchten ihn / daß unser Getreydicht/ so bald als müglich/möchte in Empfang genommen werden / Er vermeldet uns aber/ daß alle seine Bedienten in den Berg-Wercken weren/ weswegen er jemand dahin senden müste ehe und bevor es empfangen werden könte. Wie ich solches vernahm/ bath ich unsern Capitain, daß ich möchte mit den Bothen dahin gehen/ welches er mir willig vergönnete.

Den nechstfolgenden Morgen begaben wir uns beyde/ ich und der Bothe zeitlich zu Pferde/ und ritten mit einander biß nach Steckby/ welches eine grosse Stadt ist/ bey sechs Meilen von Drontheim / da wir fürs beste ansahen zu bleiben / so wohl wegen einfallender Nacht (ob es schon nur umb 3. Uhr war) als weil wir durch einen grossen Wald reiten musten/ welcher voller Wölffe/ Bähre und Luchse war/ und dieweil sie sehr grimmig/ unseren vorhabenden Weg bey der Nacht gefährlicher/als sonsten gemeiniglich / macheten.

Den folgenden Morgen reiseten wir mit anbrechenden Tage von Steckby wieder

wieder ab/ und ſetzeten unſern Weg zu den Berg-Wercken fort. Gegen die Nacht kamen wir zu den Schmeltz-Hütten/ allda wir nach des Landes Weiſe mit Taback/ Brandtewein/ und Bier/ ſo viel als wir ertragen möchten/ unterhalten wurden. Ich traff allda einen Bedienten an/ der/ weil er einen Norwegiſchen Edelmann in Franckreich auffgewartet hatte/ gut Frantzöſiſch redete. Dem erzehlete ich wie mich das Verlangen die Berg-Werck zu ſehen dahin geführet/ und bath ihn mir die Freundſchafft zu erweiſen/ und mir hierinn an die Hand zu gehen/ welches er mir auch folgenden Tag zu thun verſprach/ und nachdem wir zwo Stunden ſtarck mit einander getruncken/ giengen wir zu Bette.

Das VII. Capitel.
Sonderbahre Nachricht von den Silber und Kupffer Berg-Wercken in Norwegen.

Als des Morgens mit anbrechenden Tag der Bothe/ mit welchem ich kommen war/ mit einem Bedienten nach Drontheim wieder abgangen/ und mich bey einem Bergmeiſter recommendiret gelaſſen/ der des hernachfolgenden Tages mich mit ſich nach gemeldten Berg-Werck führen wolte/ gieng ich/ ſo bald ich auffgeſtanden/ nach vorgedachten Bedienten/ der Frantzöſiſch redete/ der ein gut Frühſtück ſo wohl für ihm als für mich und dem Bergmeiſter/ meinem Führer/ bereitet hatte/ und unter dem Frühſtücken erſuchte der Bediente den Bergmeiſter/ daß er mich in die Bergſtollen hinab führen/ und die Wercke ſehen laſſen wolte.

Als wir unſer Frühſtück eingenommen/ giengen wir bey funffzig Schritte von der Schmeltz-Hütten/ welche auff einen hohen Berg nahe bey der Hinfahrt in das Berg-Werck gebauet war; auff deſſen Spitze ſtehet ein Gerüſte (Machina) ſo ſie einen Cran nennen/ welches von zween Männern vermittelſt zweyer Räder umbgedrehet wird/ der eine gehet in den einem/ der ander in den andern Rade/ und mit ſothanen Herumbdrehen winden ſie groſſe Stücken aus den Stollen heraus zu weilen an Ertz/ bißweilen an Erde/ wie man die Werckſtücken und Töpffer-Thon zu Paris heraus zu winden pfleget.

Der Meiſter und ich ſetzeten uns in ein höltzern Gefäß oder Küfen/ ſo mit Eiſen und Stricken zuſammen befeſtiget war/ in welchem wir uns in den Schacht bey funfftzig Faden oder Klafftern tieff hinab lieſſen.

Wie ich hinab kam/ konte ich mir nicht anders einbilden/ als ob ich in der Hölle were/ denn allda war nichts zu sehen/ als finstere erschreckliche Hölen/ grosse Feuer und die Berg-Leute/ so viel ihr darinnen waren/ sahen wie die Teuffel/ alle in schwartzen Ledern Kleidern/ und Lederne Kappen auff ihren Haupte/ wie unsere Priester im Winter tragen. Sie waren untenwerts spitz und das übrige breit/ über ihren Nasen zusammen gefüget (damit sie vor dem Rauche frey weren) und hatten ein Schurtz-Fell vom gleichem Zeuge.

Ihre Arbeit in diesen Berg-Wercken ist mancherley/ etliche hauen und zerschlagen das Ertz/ andere suchen mit ihren Instrumenten/ ob sie Kupffer-Gänge oder auch Wasser antreffen mögen/ welches bißweilen in dem Grund verborgen lieget. Neulicher Zeit brach es mit solcher Gewalt und Ausfall/ daß es sie alle ersäuffet hette/ wenn sie nicht solchem mit grosser Sorgfalt zuvor kommen weren.

Der Meister/ so mit mir eingefahren war/ wie er vermercket/ daß ich fror/ und mit einer seltzamen Kälte befallen war/ leutete mit der Klocken/ anzuzeigen/ daß sie uns solten wieder hinauff ziehen/ welches in eben so kurtzer Zeit geschahe/ als sie uns hatten hinab gelassen; Wir kehreten alsdann wieder zu der Schmeltz-Hütten/ woselbst wir meinen Frantzösischen Dollmetscher funden/ der mit der Mittags-Mahlzeit auff uns wartete.

Nach dem Mittags-Mahl ließ der Amptmann drey Pferde satteln/ eins vor ihm selber/ dem Bergmeister/ und für mich/ nach den Silber-Bergwerck/ welches zwo Meilen davon war/ zu reiten/und selbiges zu besehen/ wie wir dahin kommen/ stiegen wir ab in des Ober Auffsehers Hause/ welcher uns sehr freundlich empfieng/ und præsentirte uns jedweden ein gut Glaß voll Brandtewein/ und nachdem er es selbsten zuvor erst gekostet/ hieß er uns willkommen seyn/ und tractirte uns nachgehends mit Taback und Bier.

Nachdem er uns dergestalt also bewirthet/ führet er uns nach der Schmeltz-Hütten/ so ohngefehr eine viertheil Meile von seinem Hause lag/ und fast wie die Kupffer-Schmeltz-Hütten beschaffen/ und mit allerhand Werck-Leuten versehen war/ etliche scheideten/ etliche wuschen/ etliche schmeltzten/ andere machten es fein/ und andere schmiedeten es/ alles zu Ihrer Mayest. Diensten.

Von der Schmeltz-Hütten giengen wir zu dem Berg-Werck/ welches in einem gegenüber liegenden Berge lieget/ in welches ich nebenst dem Bergmeister einfuhr/ und fand keinen Unterscheid zwischen den vorigen/ die Schächte/ Feuer und Kleider/ nebenst der Art und Weise und Zeit zu arbeiten/ kamen gäntzlich überein; das ist so viel zu sagen/ Sie arbeiten des Morgends und Abends

bends/drey Stunden vor Mittag/ und drey nach Mittag/ im Sommer vier vor der Mittags-Mahlzeit und vier Stunden nach derselben. Die übrige Zeit seynd sie lustig/ tantzen nach ihrer Leyer oder Hackebret und andern Instrumenten, wie ich denn das Glück hatte solches zu sehen die erste Nacht / als ich in die Kupffer-Schmeltz-Hütten kam; den Winter über arbeiten sie gantz nicht / werden aber eben so wohl/ als wenn sie arbeiten/ nach proportion/ des Tages mit fünff Schillingen bezahlet.

Wie wir alle diese Silber Berg-Wercke besehen / kehreten wir wieder umb zu unsern Wirth den Ober Auffseher/ bey dem wir des Abends assen und schlieffen. Den andern Morgen/ nach gehaltenen Frühestück / nahmen wir von ihm Abschied/ begaben uns zu Pferde / und hielten das Mittags-Mahl in den Kupffer Berg-Werck. Von dannen ich nach genommenen Abschied von dem Bedienten der Frantzösich redete/ und dem Bergmeister/ ich wieder meine Reise nach Drontheim fortsetzete.

Das VIII. Capitel.

Wie der Author von einem Norweger-Bauern auff seiner Rückreise von den Berg-Wercken nach Drontheim tractiret worden.

Wir waren nicht über drittehalbe Meile geritten / da überfiel uns die Nacht / und wir musten in eines nicht weit davon gelegenen Bauern-Hause/ so den Bergmeister bekandt war/ einkehren/ welcher uns/ die Warheit zu sagen/ sehr wol nach seinem Zustande/ tractirete / und zum Abend-Essen ein Stück von Phasan / und einen gefangenen Hasen / den er nach einer Stunde Jagt/ welche in diesem Lande allem Volcke frey stehet/ abgethan hatte / nebenst Bier/ Taback und Brandtewein bey unser Ankunfft vorsetzete.

Nach der Abend-Mahlzeit fiengen wir wieder wie die Dragoner an (mit Taback) zu schmauchen/ und nach unserm besten Vermögen Brandtewein zu schlucken/ welches wir biß fast an den Morgen also fortrieben.

Der arme Bauer/ wie er sahe/ daß der Bergmeister ihm die Ehre gethan und einen Rausch getruncken/ war wegen dieser Freundschafft so erfreuet / und gedachte/ daß er nicht weniger als seine Gäste trincken müste/ und nachdem er zu dem Ende sie wohl befeuchtet / ward mitten auff dem Platz eine Streu gemacht/ darauff sie sich/ und ich mich mit ihnen niederlegten/ und des anbrechenden Tages erwarteten.

Die Sonne war auffgangen/ der Bergmeister aber und sein SchlaffGesell lagen noch in einem tieffen Schlaff / weil aber mein Vorhaben war/ die Nacht wieder zu Drontheim zu seyn/ ließ ich die Pferde und das Frühstück fertig machen/ und weckete sie mit grossen Geräusch auff. Wir setzten uns nieder/ und thaten eine gute Mahlzeit mit einander/ nahmen darauff Abschied/ von unsern Wirth/ satzten uns zu Pferde/ und ritten so fleissig zu / daß wir noch vor der Nacht zu Drontheim wieder ankamen.

Das IX. Capitel.

Der Author gehet zu Drontheim wieder zu Schiffe. Die Schiffleute müssen Wind kauffen/ und die Gefahr in der Nord-See zu schiffen.

Zween Tage hernach / nachdem wir allda was dahin gehörig/ ausgeladen/ und die Provision, so der General OberAuffseher Ordre hatte uns mitzugeben/ wieder eingeschiffet / giengen wir/ weil der Wind gut war/ zu Schiff/ und richteten die Segel ein zu unserer fernern Reise.

Etliche Tage nacheinander segelten wir gar glücklich fort/ biß wir unter den Nord-Circkel kamen/ allda uns plötzlich eine grosse Meer-Stille ergriff/ nicht weit vom Lande.

Und weil wir Nachricht hatten/ daß die Leute/ so in der Gegend desselben Nord-Kreises wohneten/ wie auch die so an den Finländischen Küsten sich auffhalten/ meistentheils Zauberer seyn/ liessen wir unsere Nachen fertig machen/ und etliche von unsern Schiffleuten giengen damit an das Land in das nechstgelegene Dorff/ so sie antreffen kunten/ einen für uns auffzusuchen. Sie fragten nach den besten Schwartz-Künstler an dem Ort/ so Wind verkauffe/ und wie sie zu einen gewiesen wurden/ sagten sie ihm/ wohin ihr Absehen gerichtet/ und begehreten daß er ihnen wolte Wind machen/ der sie biß nach Mouemans-Roigmore führete. Dieser sagte/ er könte nicht/ und daß seine Gewalt sich nicht weiter als biß an das Vorgebirge Rourella erstreckte/ welcher Ort ziemlich

lich weit und nicht fern von Nord-Capo lieget. Sie befunden für gut/ihn mit ins Schiff zu nehmen/ und sich deswegen allda mit demselben zu vergleichen/ dadurch machten sie ihm einen Muth/ setzten ihn nebenst drey seiner Gesellen auff ein klein Fischer Kahn/ so sie allda antraffen/ und brachten ihn mit in das Schiff/ woselbst wir mit ihm eins wurden/ für ein Pfund Taback und zehen Silber Krohnen/ dafür machte er an der Ecken unsers fordern Mast-Segels ein Stück Leinwand/ ohngefehr eines Fusses lang und vier Finger breit/ darein er drey Knoten knüpffete/ und sagte/das würde es thun/ darauff traten Sie in ihr Schiff/ und fuhren wieder zu Lande.

Sie waren nicht so bald aus unserm Schiff kommen/ da lösete unser Schiffer den ersten Knoten in dem Tuche auff/ und wir bekamen den schönsten West-Süd-West Wind/ von der Welt/ welcher uns und unser Compagnie-Schiff dreyssig Meilen biß Maelstroom brachte/ehe wir den andern Knoten aufflösen durfften.

Dieser Maelstroom ist die grösseste Drehe oder Strudel in der gantzen Nord-See/ in welchem manch Schiff/so demselben/ehe man es inne wird/zu nahe kompt/ verlohren gehet. Weswegen diejenigen/ so die Gefahr wissen/ und besser Kundschafft wegen des Hafens haben/ acht oder zehen Meilen höher in der See bleiben/ die vielen Stein-Klippen und andere Wasser-Wirbel/ welche sechs oder sieben Meilen vom Strande liegen/ zu vermeiden.

Als nun der Wind sich wendete/ und gegen Norden lieff/ öffnete unser Schiffer den andern Knoten/ und bekam eben wieder so guten Wind biß an das Gebirge Rouzilla/ woselbst wir so bald nicht die Spitze verdoppelt/ sich unser Compaß verenderte/ und die Nadel wendete sich zurücke/ sechs Puncte/woraus wir muthmasseten/ daß in diesem Gebirge Magnet-Steine verhanden weren. Ob aber dem also/ wird dahin gestellet/ das aber weiß ich gewiß/ daß wo unser Steuermann nicht wohl erfahren gewesen/ wir auff unserm Wege uns verirret hätten.

Weil wir nun vermeyneten/ daß unsere übrigen Schiffe eben in dem Zustande sich befünden/ steckte unser Steuermann auff Anleitung seines Compasses auff den Meisan eine Flagge aus/ und gab damit den andern ein Zeichen/daß sie ihn folgeten; Dieser Ort war ihm wohl bekandt/ angesehen/ er unterschiedliche Reisen mit den Holländern anhero gethan / welche nur nach ihrer See-Karte/ wenn sie an diesen Ort kommen/ fortsegeln.

Wir brachten zwey gantzer Tage und Nacht in diesem verworrenen Zustand zu/ nach der Zeit als wir eine gute Weite von dem Gebirge weggangen/

kehrete

lehrete die Compaß-Nadel wieder nach ihren Mittelpunct / nicht weit von dem Capo/ aber der Wind begunte nachzulassen/ weswegen der Schiffer den dritten Knoten/ welcher der letzte war/ den er hatte/ aufflösete.

Das X. Capitel.

Ihre grosse Gefahr in einem Sturm.

Je der letzte Knote auffgelöset war/ da entstund kurtz hernach so ein grausamer und gewaltiger Nord-Nord-Westen Wind/ daß wir meyneten/ der gantze Himmel würde uns auff den Kopff herab fallen/und GOtt aus gerechter Rache uns wegen der begangenen Sünde / da wir diesen Zauberern Gehör gegeben/ gantz und gar vertilgen/ und weil wir unsere Segel nicht gebrauchen kunten/ musten wir uns der Gnade der Wellen überlassen/ welche uns mit so einer hefftigen Bewegung erschütterten/ daß wir anders nicht gedachten/ als wir würden in Drümmern und Stücken zerbrechen/ und alle ersauffen.

Als wir nun nicht über 12. Meilen von Lande waren/ und mit grosser Mühe kaum die See zu halten vermochten/ kunten wir uns doch nicht einbilden/ daß die Gewalt des Sturms uns wider unsern Willen dahin fort treiben / Aber wir machten die Rechnung ohne den Wirth / denn den dritten Tag umb den Mittag entstund ein so greulicher und plötzlicher Sturm/ welcher uns unter die Stein Klippen trieb/ und stieß uns an eine derselben damahls an/ bey dreyssig Meilen auffwerts von dem Capo oder Anfahrt und vier vom Strand. Das gantze Schiff bekam einen grossen Riß/ jederman fing an zu beten/ und meyneten dieses würde der letzte Tag unsers Lebens seyn. Wahr ist es/ weder ich noch jemand unter uns war jemahls in grösser Gefahr gewesen/ wir waren alle gewärtig daß das Schiff vollends in Stücken gehen würde. Aber aus sonderbahrer Schickung GOttes/ machte uns die Grösse und Gewalt der Wellen loß/ und trieb uns einen Pistol-Schuß naher von den Felsen ab / ohne mercklichen grössern Schaden des Schiffs/ ausser daß es im Kiel oder Boden ein klein Loch bekommen / welches ein wenig Wasser zog/ und daß etwas weniges von den Bord entzwey und zersplittert war/welches uns zu unser Pumpen hielt und uns beharrliche Arbeit gabe.

Den vierdten Tag/ da der Sturm nachgelassen und helle Wetter worden/ und wir unsere übrige Schiffe nicht sahen waren wir sehr bekümmert / liessen uns

uns aber an Fortsetzung unserer Reise nicht hindern/weil der Wind einiger maſſen uns darzu dienlich war.

Demnach wir aber unſer Schiff leck/ und unſere Arbeit in auspumpen
groß und unablåßlich befunden/ ſo deuchte uns das Beſte zu ſeyn/ eine bequeme Herberge anzutreffen/ da wir ſolches ſtopffen und uns wieder erquicken
möchten. Weil aber die Nord-See voller Stein-Felſen langs der Kuſte iſt/
und an ihre Meer-buſen und Hafen auß der Urſachen nicht anzukommen/ muſten wir zween Tage länger zur See bleiben / ehe wir in Sicherheit kommen
kunten. Den vierdten Tag aber kamen wir des Morgens auff die Kuſt bey
Werdhus/ ſo ein Schloß iſt/ welches die Dänen erbauet/ darinnen ſie eine Be-
ſatzung und einen Commiſſarium haben/ umb alle Deutſche Schiffe/ ſo von Ar-
changel in der WeiſſenSee hin und her fahren/ auffzunehmen. Die Bedienten
allda lieſſen uns gantz höfflich paſſiren/ ohne daß ſie jemand uns an den Bord
ſchickten/ weil ſie an unſern Flaggen ſahen/ daß wir Dänen waren/ wir gaben
ihnen die Salve/ als wir bey dem Schloß vorbey fuhren/ und kamen in die See
von Varanger / da wir unſere Ancker / ohngefehr eine halbe Meile von der
Stadt/ ausworffen.

Das XI. Capitel.

Des Authors Ankunfft zu Varanger in Lapland/ ſo unter dem Gebiet des Königs von Dennemarck iſt.

SO bald wir dahin kommen/ lieſſen wir unſere Nachen in die See / es war
aber niemand in unſern gantzen Hauffen/ den dieſer Ort/ welcher recht
wild und rauhe war/ einiger maſſen were bekand geweſen; Unſer ſieben/ nebenſt
dem Schiffer wageten uns einen kleinen Weg auffwerts zu gehen/ zu ſehen/ ob
wir einen bequemern Ort/ oder einige Einwohner die uns behülfflich weren/ antreffen möchten.

Wie wir etwan eine halbe Meile fortgangen/ kamen wir in eine wohlbe-
wohnte Stadt/ darinnen eine gute Herberge war. Die Stadt hieß Varan-
ger/ das Volck lieff Hauffenweiſe zuſammen/ uns in ſolcher Rüſtung kommen
zu ſehen/ entſatzten ſich/ und ſahen uns mit Verwunderung an.

Unſer

Unser Schiffer der da die Nordische Sprache wohl wuste und verstund/ bath sie gar freundlich/ ob sie nicht wolten zulassen/ daß wir unser Schiff an den Strand bringen/ und es wieder ausbessern lassen möchten.

Wie sie vernahmen/ daß wir Kauffleute weren/ und unser Vorhaben Wallroß oder See-Pferde zu fischen/ bothen sie uns an beydes ihren Hafen und Hülffe/ welches wir annahmen/ und nachdem wir den Hafen besichtiget/ kehreten wir wieder nach unserm Schiff/ und weil wir solches nothwendig erleichtern musten/ luden wir unsern Ballast (welches Sand war) aus/ nebenst etlichen Kisten Taback/ und einige Packen Leinwand/ welche wir bey begebender Gelegenheit mit den Einwohnern zu vertauschen gedachten.

Als wir ausgeladen hatten / packten wir unsere Leinwand und Taback aus/ und brachten sie in ein nahe an dem Strand gelegenes Hauß/ welches unser Schiffer und der Kauffleute Factoren befestigen und sicher machen liessen.

Das XII. Capitel.

Von den Sitten / Gebräuchen/ Aberglauben und Kleidung der Dänischen Lappländer.

Damit wir nun mit diesem Volck/ welches wie vor gemeldet/ Lappländer waren/ gute Vertrauligkeit stifften möchten/ verehreten wir ihnen etliche Stücke auffgerollten Taback/ welchen sie mit so grosser Freude annahmen/ als wenn es Stücken Gold gewesen weren/ und erwiederten es gegen uns mit solchen Sachen als sie hatten/ welches eine Art auffgetreugten Fisch war/ den sie an statt des Brods essen/ das Fleisch war vom Elend Thier (welches Thier nur allein in Lapland/ Boränday/ Damojarpia/ und Siberia gefunden wird) Bähren und andern wilden Thieren/ dergleichen wir niemahls zuvor gesehen; Sie reicheten uns ebenmässig einen gerissen Fisch ohne Saltz gekocht dar / welchen etliche unter ihnen in ander Fisch-Fett / andere in einer scharffen Feuchtigkeit eintuncken / die sie an statt ihres Getränckes brauchen. Weil aber niemand unter uns ihren Ragous kosten mochte / waren wir froh/ daß wir selber zu unsern Vorrath greiffen kunten/ welcher war ein guter Zweyback und gesaltzen Rindfleisch/ das wir ihnen zwar præsentireten/ so bald sie aber solches in Mund genommen/ speyeten sie es wieder aus/ mit eben solchen Eckel/ als wir bey ihrer Speise gethan hatten / jedoch truncken sie uns zu Gefallen von unserm Bier
und

und Brandtewein/ aber gleichwohl nicht mit solcher Lust und Schmack/ als sie ihren eigenen Tranck einschlucken/ welchen sie von frischen Wasser/ Wacholderbeer und noch andern Beeren/ so wie Linsen aussehen (deren Namen ich vergessen) derer Art sie einen grossen Überfluß haben/ und wie die Wacholderbeer wachsen/ unter den Blättern eines Krauts/ gleich unserm Farn-Kraut/ aber dicker und höher/ dergleichen ich in keinem Kräuter-Buche finden können. Sie haben eine Art Brandtewein/ welches sie in einem kupffern Kolben in Balneo Mariæ distilliren/ darein sie ein gewisses Korn thun/ welches eben solche Stärcke giebt und truncken machet/ als der unserige/ und ihr ordentlicher Tranck ist/ nicht viel geringer als unser Wein.

Diese Lapländer (ob sie schon Lutheraner sind/ und ihre Priester haben/ die sie lehren und unterweisen) so werden sie doch seltzam von dem Teuffel geplaget/ sie sind meistentheils Zauberer/ und so abergläubisch/ daß wenn ihnen ein Thier begegnet/ so sie für unglücklich halten/ so kehren sie alsbald eilends wieder umb nach ihren Häusern/ und kommen desselben Tages nicht wieder heraus. Wenn sie auff der Fischerey sind/ ihr Netz auswerffen/ und nur einen Fisch heraus ziehen/ so halten sie das für ein böses Zeichen/ gehen heim und fischen den Tag nicht mehr.

Männer und Weiber sind klein von Natur/ aber starck untersetze/ und hurtig/ ihr Angesicht ist breit/ die Nase eingebogen/ und schwartzbraun/ aber nicht so sehr als die andern Nordischen Völcker. Ihre Augen sind klein wie Schweins-Augen/ ihre Augenbraunen sind groß/ und reichen gemeiniglich biß an die Schläffe. Sie sind schwermüthig und tölpisch/ ohne alle Höfligkeit/ gar geil/ sonderlich die Weiber/ die sich allen Ankommenden zum besten geben/ so offt sie es sicher für ihren Männern thun können.

Ihre Kleidung ist mancherley/ bißweilen von einer groben Art Tuchs. Insgemein aber von Elends-Häut/ das Rauche heraus gekehret/ ihre Strümpffe von eben derselben. Ihre Schue von einer Fisch-Haut sampt den Schuppen/ gleich den Pantoffeln ohne Hinter-Leder und Ohren. Ihr Haupt bedecken sie gleich wie die Norweger/ ihre Haar sind in zwey Theil getheilet/ das eine Theil henget auff der einen/ das andere auff der andern Schulter herunter. Ein Hut oder Mütze mit roher Leinwand überzogen/ welches die Leinwand alle ist die sie anhaben; Andere tragen ein Stücke Fell/ ein wenig breiter als eine Hand/ das binden sie hinter ihren Kopff zusammen/ nach Art der Egyptier.

Die Manns-Kleider sind alle aus Elends-Häut/ die Haare auswerts gekehret/ das Fürnehmste darunter ist ein kurtzer Rock/ biß mitten an die Hüffte/

mit ein paar Hosen von selbigen Zeug. Ihre Strümpffe sind alle über ein/ wie einer Art Stieffeln/ von Fisch-Haut dermassen artig gemacht / daß/ ob sie gleich plumb und groß zu seyn scheinen / dennoch die Naad nicht leicht daran zu finden. Viel unter ihnen tragen keine Stieffeln / sondern nur Schue wie die Weiber; Auff ihren Haupt haben sie eine Art runder Mützen/ gleich wie unsere Schiff-Leute/ die sind von Elends-Haut/ da die Haar noch drauff sind / gemacht / und an den Ohren mit einem Stück von Fuchs-Balck gebrämet / bißweilen weiß/ bißweilen grau. Ihre Häuser sind viel nach der Manier der Einwohner in Christiania gebauet / und haben kein ander Liecht darinn / als was oben auff dem Giebel hinein fällt.

Sie haben keine Betten / darauff sie des Nachts liegen/ wie auch ihre übrige Nachbaren/ die Muscowitischen Lapländer/ Borandianer/ Samajeden/ Siberianer/ Zemblaner/ Ißländer und andere Nordische Völcker. Sie strecken sich zierlich mitten auff dem Platz in eine Bähren-Haut/ darinnen groß und klein/ Herr und Frau/ Kinder / Knecht und Mägde alle übern Hauffen zusammen liegen/ ohn einiges Bedencken/ und wenn sie des Morgens auffstehen/ so legen sie ihre Häute recht ordentlich wieder an ihre alte Stelle.

Ein jedweder Hauß hat für sich eine grosse schwartze Katze / davon sie viel Wunders machen/ sie reden und discuriren mit derselben/ wie mit einem vernünfftigen Menschen. Sie thun nichts/ sie überlegen denn solches vorher mit ihrer Katze/ weil sie glauben/ daß dieselbe in allen ihren Vorhaben ihnen behülfflich sey. Alle Nacht gehen sie aus ihren Häusern / ihre liebe Katze umb Rath zu fragen/ auch werden sie kein Glück hoffen auff ihren Spiel/ oder Jagt/ Fisch- oder Vogelfang und dergleichen / wo nicht ihr guter Engel mit ihnen gehet / ob ich wohl deren viel gesehen / und sie alle die Gestalt einer Katzen haben / jedoch nach ihren grausamen Ansehen/ sage ich und gläube festiglich/ daß solche nichts anders als der Teuffel seyn können.

Das XIII. Capitel.

Des Authoris Abreise von Baranger nach MourmansKire.

Nachdem wir unser Schiff den nechsten Tag nach unser Ankunfft zu Baranger ausgeladen/ war uns das Volck auß dieser Stadt gar behülfflich daß-

daſſelbe umbzuwenden und wieder auszubeſſern/ und weil der Schiffer daſſelbe viel böſer befand als er ihm eingebildet/ bath er die Einwohner/ daß ſie ihm ſolch Holtz zuwege bringen möchten/ das zu deſſen Ausbeſſerung dienlich were/ welches ſie auch auff einen nicht weit davon gelegenen Berge anwieſen/und auch zu ihm brachten/ da ſie ſolches gethan.

Da nun der Kauffleute Factor vermerckete/ daß einige Zeit zu Ausbeſſerung unſers Schiffs gehören würde/ nahm er ihme für etwas tieffer ins Land hinein zu gehen und zuſehen/ ob ſie etwas darin antreffen könten/ ſo ſie vor Wahren vertauſchen möchten. Zu dieſem Vorhaben erwehlte er mich und noch zween ander/ dahin Geſellſchafft zu leiſten/ und den folgenden Morgen (welches der 12. Tag Martij war) nahmen wir Taback und Leinwand zu verhandeln/ und Zweyback und geſaltzene Speiſen zu unſern Proviant/ mit uns/ und giengen mit drey des Landes Einwohnern/ die wir ſo wohl unſern Vorrath zu tragen als uns den Weg zu weiſen mit uns lieſſen gehen/durch Wälder/Berge/ Thäler und ſo fort/ biß ohngefehr umb 4. Uhr gegen Abend/ da wir zween groſſe und wilde Bähren zu Geſicht bekamen/ die ſich gegen uns zumachten/welches uns nicht wenig Furcht verurſachte.

Wie unſere Geleits-Leute unſere Furcht vermerckten/hieſſen ſie uns unbeſorget ſeyn/ und ſagten/ wenn ſie ſich ja an uns machen wolten/ ſo hetten wir nichts anders zu thun/ als daß wir nur zu unſern Gewehr griffen/ ſo würden ſie foregehen/ und ſolches zu erfahren/ begunten wir unſere Röhre zu ſpannen/ und die Pfanne zurecht zu machen; So bald ſie ſolches nur merckten/ (und wir doch, weder Feuer auff der Pfanne gaben/ noch ſie den Geruch des Pulvers empfunden) lieffen ſie darvon/ und wir höreten weiter nichts von ihnen. Bey einer Stunde hernach/ da wir einem Berg herunter kamen/ ſtieſſen wir ohngefehr auff 12. Häuſer/ die eine ziemliche Weite von einander lagen/ und nicht weit davon zwo Heerden Thiere/ den Hirſchen gleich/ welches unſerer Wegweiſer Bericht nach Elends-Thiere waren.

Wie wir in dieſes Städtlein kamen/brachten ſie uns in ein Hauß/woſelbſt wir ausruheten/weil wir wegen der langen und mühſamen Reiſe/und der ſchweren Bürde unſerer mitgenommenen Wahren ſehr abgemattet waren. Das erſte das wir thäten/ war/ daß wir dem Hauß-Wirth ein Stücke Taback verehreten/ welches ihn aus dermaſſen wohl gefiel/ und vermeldete uns/ daß er dergleichen Verehrung in neun Monaten nicht bekommen/ und unſere Freygebigkeit zu erwiedern gab er uns etwas von ſeinem Brandtewein/ ein Stücke friſch Elends-Thier Fleiſch/ und getreugten Fiſch/ welches wir unter unſere Wegweiſer

weiſer austheileten/ und tractireten ſie damit/ immittelſt daß wir uns mit unſerm eigenen Vorrath verſorgeten. Hernach legten wir uns nieder auff eine groſſe weiſſe Bähren-Haut/ und giengen alſo zur Ruhe nach des Landes Weiſe.

Das XIV. Capitel.

Wie wir durch die Elends-Thiere in Lapland geführet worden/ und von etlichen ſonderbahren Eigenſchafften dieſes Thiers.

Je wir den andern Morgen auffgeſtanden/ begehreten wir zu wiſſen/ ob unſer Wirth nichts gegen unſer Leinwand und Taback umbzuſetzen hette; er ſagte: er hette Wolffs-Fuchs-weiſſe Eichhörner und dergleichen Felle/ und ſeine Nachbaren hetten derſelben noch mehr/ welche ſie/ wie er glaubte/ gerne vertauſchen würden. Wir begehreten ſie zu ſehen/ da brachten ſie dieſelben zu uns heraus/ und mit demſelben vier von Elends-Leder gemachte Kleider/uns für der Kälte zu bewahren/ davon ſie uns etliche für unſern Taback/ etliche für Leinwand gaben.

Weil allda nichts mehr zu handeln war/ erſuchten wir den Wirth/ daß er uns mit Elend-Thieren verſehen wolte/ uns weiter ins Land hinein zu führen; Wir hatten ſolches ihn kaum vorgetragen/ da trat er vor die Thüre/ nahm ſein Horn/ und bließ den Elend-Thieren/ welche alsbald bey vierzehen oder funffzehen an der Zahl zu ihm kamen/ er nam derer ſechſe/ rüſtete ſie zu/ und ſpannete ſie vor ſechs Schlitten/ welche wie ein klein Schifflein gemacht waren/ ſo auff ſechs kleinen Balcken ruheten/ und ein Stücke Holtz ſo zween Fuß länger als der Schlitten war/feſte gemacht waren/ Wir luden in deren einen unſeren Vorrath/ und nachdem wir zween unſer Wegweiſer mit Taback befriediget/ und ſie gehen laſſen/ behielten wir den dritten/ (welcher in den andern Lapland ſo unter des Groß Fürſten in der Muſcau Regierung iſt/ geweſen/ und ihre Sprache wohl verſtund/ wie auch alle das Land und die Sprache der Killopen) uns den Weg zu weiſen.

Nachdem wir uns nun ein jedweder beſonders in einen Schlitten in Lapländiſcher Kleidung/ die wir von den Einwohnern erhandelt hatten/ geſetzet/ ward jedweder unter uns mit einer weiſſen Bähren-Haut bedecket/ und wie
ſie

sie uns mit einen breiten Elends-Riemen an unsere Wagen feste gemacht/gaben sie uns jeden zwey Gläser Brandtewein / und einen kurtzen an der Spitze mit Eisen beschlagenen Stock in die Hand/ uns daran zu halten und zu verhüten/ daß wir nicht bey einem jeden Stein oder Strumpff der Bäume/ so wir daran anstieffen/ umbgeworffen würden.

Wie wir nun also zur Reise recht bereit waren/ nummelte der Wirth/ deme die Elend-Thier zugehörten/ etliche gewisse Wort einen jeden derselben ins Ohr/und sagte ihn (wie wir dafür hielten) wie weit sie uns zu führen hätten/ darauff sie so einen Sprung thaten/ daß wir vermeyneten/ wir hätten so viel Teuffel für unsern Schlitten/ und auff diese Weise führeten sie uns über Berg über Thal/ ohn alles Peitschenschlagen/ biß umb sieben Uhr zur Nacht/ zu welcher Zeit sie uns zu einen grossen Landflecken/ so zwischen den Bergen/ nahe an einer grossen See lage/brachten/un da stunden sie/da wir an das vierdte Hauß kamen/ stille/ stampffeten alle zusammen mit einem ihrem Fusse/ gleichsamb damit ihre Ankunfft wissend zu machen; Der Herr des Hauses/ wie er solches Geräusch vernahm/ kam alsbald mit seinen Knechten zu uns; Einer von ihnen brachte eine aus Wacholder-Holtz gemachte Kanne mit Brandtewein/ daraus er einen jedweden unter uns eine kleine Schale (so auch aus Holtz gemacht war) zu trincken reichete/ uns zu erquicken/ ehe wir abluden/weil er von unserm Wegweiser vernahm/ daß wir nicht in geringer Verwirrung uns befunden/ als die wir einer so geschwinden und gewaltsamen Fuhre nicht gewohnet weren.

Diese Thiere/ beydes Männlichen und Weiblichen Geschlechts haben Hörner/ etwas niedriger als ein Hirsch/ krümmer/ raucher und nicht so viel Zacken daran/ selbige sind eben von der Farbe/ wie bey den Hirschen/ ihre Klauen sind gespalten/ und so groß wie an einem zimlichen Ochsen. Sie weyden sie auff Mooß/ dessen das Land allenthalben voll ist; Die Weiblein werden gemolcken wie unsere Kühe/ davon die Einwohner recht gute Butter und Käse machen. Sie befestigen diese Elend-Thier an zwo Stangen/ welche an die Schlitten mit Elends-Riemen fest angebunden sind / nicht ungleich / wie wir unsere Wagen zurichten/ damit sie dieselbe mit unglaublicher Geschwindigkeit fortziehen/und rechts Weges nach dem verordneten Ort bringen/ohn einige Bemühung sie zu regieren oder zu leiten.

D iij   Das

Das XV. Capitel.

Des Authors Ankunfft zu **Mourmans** Koimore/ sampt etlichen sonderbahren dieses Land betreffenden Dingen.

Je wir von unsern Fuhrwerck abgestiegen / giengen wir in das Hauß/ welches von eben der Art war/ wie die übrigen in diesen Ländern/ sehr klein/ niedrig/ und mit Baum-Rinden bedecket/ und hatte kein ander Liecht/ als was oben zum Giebel des Hauses hinein kam/ wie in Norwegen.

Diese Lapländer haben ihre Kleider etwas länger/ als die/ von welchen wir kamen. Sie sind gleichergestalt von Elends-Haut gemacht/ das Rauche auswendig; Die Weiber sind eben so gezieret/ ihre Haare ausgebreitet/ wie die andern/ mit einer runden Haube auff ihrem Haupt/ von eben der Haut/ daraus alle ihre Kleider bereitet werden.

Wir gaben dem Wirth/ so bald wir kamen/ ein Stück Taback in der Rolle ohngefehr zween Finger lang/ welches er sehr freundlich annahm / desgleichen gaben wir auch einem jedweden seiner Nachbaren/ umb desto sicherer zu seyn/ weil wir vernahmen/ daß sie wilder wären/ als alle die/ so wir gesehen; Darauff hielten wir unsere Abend-Mahlzeit von dem Vorrath/ den wir mit uns gebracht/ und unser Wegweiser aß seinem getreugten Fisch und Elend-Fleisch/ so ohngesaltzen gekocht war.

Als wir ihn fragten/ wie viel Meilen wir diesen Tag fort kommen wären? sagte er: ohngefehr dreyssig/ und daß wir in dem Lande Mourmans Koimore wären/ alda die Einwohner eine andere Sprache redeten/ als die in Varanger/ wir konten ihnen kein Wort verstehen.

Da wir gessen hatten / legten wir uns hübsch nieder auff ihre Bähren-Häute / nach ihrer Weise / und giengen schlaffen / nachdem wir vorher unsere Kleider mit den ihrigen vertauschet / welche etwas länger waren / und ein hundert Eichhörner-Felle (so sie bereitet hatten) für etwas Taback von ihnen erhandelt hatten.

Das

Das XVI. Capitel.

Des Authoris Reise in das Land der Killopen und derer Manier zu leben.

DEs nechstfolgenden Tages so der 14. Maij war/ bathen wir unsern Dollmetscher/daß er unsern Wirth wolte zu erkennen geben/daß er uns unsere Schlitten möchte versorgen / weiter ins Land hinein zu gehen / welches er thät; Die Nachbaren kamen auch uns zu helffen / und brachten ihren Brandtewein mit/ mit uns vor unser Abreise zu trincken.

Sie spanneten sechs Elend-Thiere vor sechs Schlitten/in deren einen wir unsere Güter legten / und in die übrige uns selbst setzten / darauff deckten sie uns zu und machten uns feste / und nachdem sie einem jedweden Renn-Thier ihren Befehl ins Ohr gewispelt / giengen dieselben erschrecklich fort / und schlepperten uns mit der grossen Geschwindigkeit biß zwo Stunden nach Mittag/ ehe wir an ein Hauß kamen; Umb 3. Uhr brachten sie uns zu einem kleinen Dorff/ etwa von acht Häusern/ so auff einen hohen Berg/ nahe bey einem grossen Walde erbauet war/ allda sie plötzlich stille stunden / und machten uns glauben/ daß wir unsere Reise vollendet/ weil aber kein Mensch zu uns kam/ musten wir unsere Elend-Thiere zu dem Mooß treiben (welcher allda in grosser Menge wuchs) und uns mit unserm gesaltzen Fleisch und Zwieback/ unsern Dollmetscher aber mit seinen Fisch abspeisen/ und uns nun und dann mit der Flasche Brandtewein/ die uns der obengemeldte Wirth mit gegeben hatte/ ergetzen.

Nachdem wir bey einer Stunden lang geruhet hatten / hatte unser Wegweiser (der so wohl als einer von den Besten verstund die Renn-Thiere fort zu bringen) grosse Mühe/ die unseren weiter fort zu treiben/ weil ihrem Bedüncken nach dieses der Ort were/ dahin sie verordnet worden / welches den armen Kerl zu grossen mancherley ungleichen Ceremonien trieb/gieng fünff oder sechs mahl alleine ins Holtz und kam wieder zurücke/ wispelte ihnen allzeit bey seiner Wiederkunfft etwas ins Ohr/ da sie es gleichwohl noch schwerlich thun wolten/ endlich wurden sie gutwillig/ und giengen fort/ aber nicht mit solcher Geschwindigkeit und Hurtigkeit/ als sie biß hieher kommen.

Wir fragten ihn/ wie es käme/ daß wir keinen Menschen in diesem Dorff angetroffen/ antwortete er/ daß es an diesen Orten kein Wunder were; daß wir

nun

nun in der Killoper Landschafft weren/ welche eine Art der Lapländer/ die unbändiger weren/ als alle die andern/ die ihre Wohnungen gar offte veränderten/ umb die Gesellschafft der Frembden zu vermeiden/ und lebten gantz von der Jagt/ und hetten kein Gemeinschafft mit andern Völckern.

Als wir unsere Reise verfolgeten/ und einen hohen Berg herab kamen/ gegen neun Uhr des Nachts/ vernahmen wir vier Killopen von der Jagt kommen/ welche in vier Schlitten mit Renn-Thier/ wie die Unsern geführet wurden/ aber so bald sie uns sahen/ nahmen sie einen andern Weg ; Bey Ende des Berges/ kamen wir in einen grossen Wald/ und wie wir mitten hinein kamen/ höreten wir ein seltzam Geheule und Geschrey/ sahen aber niemand.

Wie wir aus dem Wald heraus waren/ und einen andern Berg hinab kommen/ wurden wir eines Dorffes gewahr/ dahin uns unsere Thiere führeten/ und unsere Herberge nach ihrer Beliebung auffschlugen/ allda wir uns mit unsern eigenen Vorrath erquicketen/ und wie vormahls schlaffen giengen.

Das XVII. Capitel.

Des Authors Ankunfft in das Muscowitische Lapland/ ihr Handel/ Sitten und Gebräuche.

Sobald wir des folgenden Morgens aus dem Schlaff uns ermunterten/ fragten wir unsern Dollmetscher/ wie viel Meilen wir des vorigen Tages gereiset/ er berichtete uns/ zum wenigsten viertzig/ (welches bey hundert und sechtzig Frantzösische Meilen/ so weit nemblich als zwischen Paris und Lion ist) jedwede ihrer Meilen sind grösser als eine Deutsche Meile/ welches vier mahl so viel machet/ als eine Meile bey Paris/ und sind bey sechs und sieben unser Meilen/ also daß ein wohlberittener Reuter nicht über fünffe derselben den Tag über reiten solte; Uber dieses sagte er uns daß wir nun in einem Theil Laplands weren/ welches unter den Zar oder Groß Fürsten der Muscowiter gehörete.

Als wir mit den Einwohnern truncken und Taback schmauchten/ liessen wir sie fragen/ ob sie nicht einige Wahren zu vertauschen hetten/ sie antworteten/ sie hetten Felle/ Die sie auch/ als wir sie zu sehen begehrten/ alsofort herfür langeten. Das waren weisse/ schwartze und graue Fuchs-Felle/ und etliche Zabeln/ aber nicht so gut von Farbe/ als die in Borenday/ Samojestia und Syberien.

Diese

Diese Gelegenheit fügete uns wohl/ wir gaben ihnen Taback dafür / welches ihnen auch wohl gefiel/ wie wir nun unfern Vertrag geschlossen / und alles einander außgeliefert / begunten wir wacker mit einander zu trincken/ bey welchen Sauffen wir befunden daß sie nicht so wild wären / wie die andern / so wir bißher gesehen/ wiewohl recht grob in ihrem Umbgehen / indem sie solche Dinge in unserer Gesellschafft thaten/ so die Höffligkeit nicht zu erzehlen leiden will.

Es begunte Abend zu werden / und wir verlangeten weiter zu gehen / weil wir noch etliche Rollen Taback und einige Leinwand übrig hatten/ liessen derhalben unfern Wirth ersuchen / daß er uns mit Schlitten versehen möchte / und wie er uns so viel als wir nötig/ verschaffet / setzten wir uns darein/ und giengen umb den Mittag hinweg / und renneten fort biß gegen sechs Uhr des Abends durch gefährliche / und wie mancher hätte dencken sollen / durch unwegsame Oerter/ und sahen weder Roß noch Mann / nach einer halben Stunde wie wir auff einem hohen Berg kamen/ sahen wir bey einem kleinen Abwege zwey Häuser unter den Klippen/unser Wegweiser berichtet uns/daß zween Killopen allda sich aufhielten/ die/so bald sie unser ansichtig wurden/mit ihren Weib und Kindern davon lieffen. Wir giengen darnach drey Stunden weiter / ehe wir etwas anders antraffen / an der Seiten aber eines kleinen Hügels wurden wir eines schönen Dorffs gewahr/ so auff den Werder eines Flusses gebauet war / dahin kamen wir gegen Eilffen in der Nacht / Und allda waren unsere Rennthier/unsere Quartiermeister / und brachten uns mitten in die Stadt/ da wir gut genug empfangen wurden. Unser Wirth ließ ein gut Feuer machen/ mitten in den Raum/ brachte uns zur Abend-Mahlzeit ein gut theil Brandtewein/ und ein Stück vom gesaltzen Renn-Thier / welches uns etlicher massen wunderlich vorkam / in ansehung alle die Einwohner / durch welche wir gereiset / kein Saltz gebrauchet / und da war dessen ein Uberfluß. Er gab uns auch Milch und recht gute gesaltzene Butter / und were vielleicht viel besser gewesen / wenn wir hätten Brodt/ sie dar mit zu essen/ gehabt/ aber unser Vorrath war gar zeitlich verthan/ und wir hätten zu kurtz kommen sollen / hätten wir nicht das gute Glück gehabt allda zu bleiben. Unser Dollmetscher muste sich allein mit treugen Fisch behelffen/ weil er kein Saltz vertragen konte. Wie wir unser Abend-Mahlzeit gehalten / begaben wir uns / wie gewöhnlich / nach unsere Bähren-Häute.

E Das

Das XVIII. Capitel.

Des Authors Ankunfft zu Kola/ die situation der Stadt/ die Arth und Weise ihrer Gebäude/ und andere merckwürdige Dinge.

DEn folgenden Tag/ war der sechszehende Maij, dieweil nichts mehr in der Stadt zu handeln war/ giengen wir über den Fluß/ der so breit als die Seyne in Franckreich war.

Wie wir übergesetzet zu einem kleinen Flecken an der andern Seite des Wassers/ wendeten wir uns nach dem besten Hause/ so zu finden war / zu sehen/ ob sie uns nicht Schlitten nach Kola verschaffen könten/ und als sie uns damit versehen/ kamen wir allda umb Mittag an.

Es ist eine kleine Stadt/ oder ein grosser Land-Flecken/ zwischen den Bergen erbauet/ und neben einen kleinen Fluß/ und liegt bey zehen Meilen von der Nord-See./ an der Seite gegen Morgen sind grosse Wildnisse/ an der Abend-Seite die Landschafft Mourmans Koimore/ gegen Mittag / gar hohe Berge. Ihre Häuser sind sehr niedrig/ mehrentheils von Holtz/ eben gar schön mit Fischbeinen bedeckt/ auff den Gipffel desselben haben sie offene Kapfenster/ das Licht oder den Tag hinein zu lassen/ die gantze Stadt hat nur eine Strasse. Die Einwohner sind insgemein (wie die meisten in der Muskau/ murrisch/ mißtraulich/ und so über die massen eifersüchtig / daß sie auch ihre Weiber vor allen Frembden einschliessen/ damit sie dieselben nicht sehen/ noch mit ihnen umbgehen mögen. Unser Hauß-Wirth nahm alle unsere Kleider aus unsern Händen/ und gab uns an deren Stelle zwey Luchsen-Felle / so mit Schwartz und Weiß besprenget waren/ wie die Leoparden/ drey Dutzend weisse Fuchs-Felle/ ein halb Dutzend von Vielfraß/ so ein Thier ist nicht ungleich einem Dachs/ aber mit einem längern und röthern Fell/ oder schwartz-roth / mit einem Schwantz wie ein Fuchs/ benebenst einigen Hermlin oder Wesel Fellen.

Weil wir etliche wenig Ellen Leinwand übrig hatten/ und zwar mehr als er Wahren hatte unsern Handel fortzusetzen/ so gab er uns dafür nothwendigen Verrath zu unser Rückreise/ und Schlitten biß an die Stadt / da wir über den Fluß kommen waren/ und tractirte uns mittler Zeit wohl nach des Landes Weise. Nach dem Abend-Essen begaben wir uns nach unseren Bähren-Häuten/ und nahmen unser Lager an der Erden. Das

Das XIX. Capitel.

Der Author verläſſet **Kola** wegen ſeiner angeſtellten Rückreiſe nach **Varanger**/ die luſtige Begräbnüß-Art unter den Muſcowitiſchen Lapländern.

WEil wir dem Wirth zu verſtehen gegeben/ daß wir des nechſten Morgens zeitlich fort reiſen wolten / hat er uns vermöge des Contracts was uns nöthig/ an die Hand geſchaffet / welches Zweyback war/ eine Art mit Gewürtz zubereit Brodt/mit Saltz gekocht Renn-Thier Fleiſch/und eine Flaſche Brandtewein/ und als wir unſere Güter auffgeladen/ kamen zween ſeiner Nachbaren/ die da gehöret/ daß wir Taback allda verlaſſen/uns zu fragen/ ob wir ſolchen für mehr Felle vertauſchen wolten/ und weil wir ja darzu ſagten/ brachten ſie ſolche zu uns/ und überlieſſen uns ein Dutzend Hermlin/ zwey Dutzend weiſſe Fuchs/ und vier Luchs-Felle/ aber nicht alle ſo ſchön/als die wir von unſerm Hauß Wirth bekommen hatten.

Wie der Tauſch gemacht/ überlieferten ſie uns ihre Felle/ und wir ihnen unſern Taback/ und behielten nur fünff Rollen übrig/ beydes für unſern eigenen Gebrauch als für die Unkoſten auff unſer Rückreiſe nach Varanger zu bezahlen/ welches eine nothwendigere Wahre iſt für die/ ſo in dieſen Landen handeln wollen/ als das Geld ſelber; Die Lapländer ſchätzen ein Stücklein Taback höher als eine Silber-Kron / in deſſen Betrachtung die Könige in Dennemarck/ Schweden/ und der Groß-Fürſt eine groſſe Aufflage darauff dieſer Orten geleget/und ihre Beampten an die frontiren geſetzet / die ſolche einzunehmen.

Nachdem unſere Handlung zu Ende war/ wurden wir mit unſern Kauffleuten in Brandtewein uns luſtig zu machen/ genöthiger / biß umb zwey Uhr nach der Mittags-Mahlzeit / da wir dann von unſerm Wirth begehreten / er möchte hingehen unſere Schlitten zu unſerer Rückreiſe nach Varanger fertig zu machen/ worinnen er uns gerne willfahrete/ und als wir unſer Güter/ in einen derſelben geladen/ und uns auff die übrigen geſetzet/ nahmen wir / nachdem wir noch einen guten Becher voll Brandtewein mit einander ausgetruncken/unſern Abſchied/ und unſer Renn-Thiere/ als wenn ſie auch ihr Theil davon bekommen/

E ij   füh-

führeten uns/ nach meiner Einbildung/ mit mehrer Geschwindigkeit fort/ als zuvor/ also daß wir umb 7. Uhr schon wieder bey der vorgemeldten auff den Werder des grossen Flusses erbaueten Stadt ankamen/ da wir aber durchfuhren/ und begaben uns wieder nach unsere alte Herberge/ allda wir von unsern Wirth sehr freundlich empfangen wurden/ in Hoffnung/ nach unserer Meynung/ er werde wieder ein gut Stück Taback/ für unser Tractament bey unser Wiederkunfft bekommen. Er gab uns zum ersten Anbiß ein gut Gerichte von Brandtewein/ und fragte uns darneben/ ob er uns solte mit Schlitten versehen? Wir antworteten: diese Nacht nicht/ sondern weil wir müde weren/ wolten wir uns biß morgen ausruhen/ zumahlen keine andere Stadt so nahe gelegen were/ da wir einkehren könten.

Da uns nun unser Wirth einen ziemlichen Trunck aus der Flaschen beygebracht/ fragte er/ ob wir wolten mit ihm hingehen/ und einer Leich-Begängnüß eines seiner Nachbaren/ der vier Stunden zuvor gestorben/ zusehen? welches wir aus Curiosität williglich annahmen.

Wie wir in das Hauß kamen/ sahen wir den Leichnam von sechs seiner fürnehmsten Freunde auff einer grossen Bähren-Haut tragen/ und auff ein hölzerne Bahre legen/ der Leib war in Leinwand eingewickelt/ das Angesicht aber und beyde Hände unbedecket/ in die Hand hatten sie ihm einen Beutel mit einer gewissen Summa Geldes gegeben/ in der andern hielt er einen von dem Priester versiegelten Paßport oder Geleits-Brieff/ den er Sanct Petern überliefern solte/ denselben zu versichern/ daß er ein ehrlicher Mann gewesen/ und werth sey/ daß er (im Himmel) auffgenommen werde. Zur Seiten hatten sie eine Flasche voll Brandtewein/ sampt einem Theil getreugten Fisch und Elend-Thier-Fleisch geleget/ damit er unterwegens zu essen und zu trincken hette/ in Betrachtung seine Reise ziemlich weit were. Hinter ihm legten sie allerley Wurtzeln von Tannen-Baum/ welche so viel Fackeln seyn solten/ und alsdann fiengen sie an zu heulen und zu schreyen mit so vielen seltzamen Vorstellungen und Geberden/ daß einer hätte schweren sollen/ sie weren unsinnig.

Wie dieses alles verrichtet/ giengen sie unterschiedliche mahl umb den Leichnam ordentlich (als in einer Procession) herumb/ und fragten nach der Ursache seines Todes. Ob es ein Weib oder Kind were? Ob ihm etwas gemangelt? Ob er hungrig oder durstig? Ob er ein Unglück in seiner Nahrung oder Freude gehabt? Ob seine Kleider nicht wieder gemacht werden könten? Und das allezeit schreyend und hinckend mit allerley Beugung ihrer Leiber/ inzwischen

zwischen stund der Priester darbey und besprengete den Leichnam mit Weih-Wasser/ welches auch die Leidtragenden gleichfals thäten.

Ich muß noch erzehlen/ daß weil der heilige Nicolaus/ bey ihnen so wohl als bey den Muscowitern in grossen Ehren gehalten wird/ (als die beyderseits nach ihrer Meynung Nicolaiten seyn) sie auch dessen Bild neben der Seite des Leichnams an statt des Crucifixes gesetzet hatten.

Dieser heilige Nicolaus ist nicht der Bischoff in den Calender/ dessen Fest wir feyern/ sondern einer von den sieben Diaconis, dessen in der Apostel-Geschicht gedacht wird. Sie hatten ihn in eines Pilgrims Kleidern geschnitzet/ sein Hut stund ihm loß auff den Haupt/ über seine Lenden hatte er einen langen weiten Rock/ mit einem breiten Gürtel/ und seinen Stab in der Hand.

Das XX. Capitel.

Die Werck und Verrichtung dieser Lapländischen Weiber/ nebenst andern sonderlichen Dingen dieses Orths.

Je wir des Wesens überdrüssig und der gantzen Ceremonie müde waren/ kehreten wir wieder nach unser Herberge/ da wir unsers Wirths Frau in Freyheit antraffen/ weil sie die Höhle/ darein sie ihr Mann bey unser Ankunfft eingesperret/ verlassen hatte.

So bald sie uns sahe/ und vermeynete ihr guter Mann were bey uns/ wich sie beyseit in ihr Loch: Wie aber unser Wegweiser und Dollmetscher ihr zu verstehen gab/ daß er bey der Leiche/ und nicht so bald heimkommen würde/ nahm sie ihr ein Hertz/ und wagete es da zu bleiben.

Das Erste das sie thät/ war/ daß sie rund umbher sahe/ darnach sahe sie auch einen jeden unter uns ringsherumb mit unverwandten Augen an / als wenn sie einen von uns zum Gesellen begehrete/ sie betrachtete uns alle eine Zeitlang/ und als es scheinete/ daß sie uns nicht übel wolte/ setzete sie sich sittsam nieder/ gauckelte/ und geberdete sich wunderlich/ und gab allerley Merckzeichen ihres Wohlgefallens und Freundschafft an den Tag/ und fürnehmlich zeigete sie uns / als ein groß Complement, ihre Arbeit/ welches war eine Kappe oder Haube mit gestickter Arbeit/ ein Faden über den antern/ sehr zierlich.

Die

Die Verrichtung dieser Lapländischen Weiber ist insgemein anders nicht als Kleider machen/ vor sich selbst/ vor ihre Männer und Kinder/die sie alle mit gestickter Arbeit an den Grunde-zieren/ welche zarter/ als ingemein/ sind/ die spinnen mit ihren Zähnen so fein und lang/ als irgend eine von unsern Drath-zichern oder Spinnerinnen/ und zwar mit der allerzierlichsten Gestalt/ als man ihm einbilden kan. Die meisten unter ihnen sind freundlich und wohlgestalt/ und annehmlich gnug/ wenn ihre Nasen nicht ein wenig zu viel eingebogen wären. Die Eyfersucht ihrer Männer/ ist erschrecklich gegen sie/ und sie empfinden die Wirckung von derer Grimm/ sonsten sind sie guter Natur/ und solten sich sonder groß Bedencken bey vorfallender Gelegenheit gerne zum besten geben/ in dessen Ansehen ihre vorsichtige Männer wollen/ daß sie/ wenn Frembde ankommen/ sich beyseit begeben sollen.

Weil unser Wirth mit der Leich-Begräbnüß seines Nachbahrs zu thun hatte/ und ihm die letzte Ehre erzeigete/ zogen wir unsern Vorrath hervor/ und præsentirten solchen unser Hauß-Wirthin/ die gute Frau nahm es freundlich an/ kostet und ließ es ihr gar wohl schmecken/ sonderlich den Pfeffer-Kuchen/ sie thät zween gute Züge von unsern Brandtewein/ und gieng damit wieder weg/ weil sie in grosser Furcht stund ihr Mann möchte sie in unser Gesellschafft ergreiffen/ welches ihr zum wenigsten eines Prügelung hette kosten sollen/ wenn sie nur gar mit ihrem Kopffe davon kommen were.

Endlich kam er wieder und wir musten noch eine Pfeiffe Taback und sonst noch einen guten Trunck mit ihm thun; Darauff giengen wir zum Nacht-Essen/ da er uns von seinem Lecker-Bißlein vorsetzete/ nemblich Renn-Thier-Fleisch und gesaltzene Butter/ welche wir zu Brodt assen. Unser Wegweiser aber/ welcher keine Beliebung zu gesaltzenen Sachen hatte/ vergnügete sich mit getreugten Fisch und ein Stück Bähren-Fleisch/ welches ihm unser Wirth gabe/ welches er auff Kohlen brieth.

Alle Häuser in dieser Stadt sind wie die andern in dieser Landschafft von Holtz gebauet/ und mit Rasen bedecket/ und dann in- und auswendig mit sehr zierlich in einander gesetzten Fischbeinen gezieret.

Nach der Abend-Mahlzeit giengen wir nach unsern Lager/ welches wie zuvor auff Bähren-Häuten/ so auff den Boden ausgebreitet waren/ eingerichtet war. Wir streckten uns darauff/ und begunten zu schlaffen/ und brachten die Nacht in solcher Ruhe und Sicherheit zu/ als wir je unser Lebetage gethan hatten.

Das

Das XXI. Capitel.

Dem Author begegnet auff seiner Rückreise einen Mußcowitischen Lapländer / der auff die Jagd gieng.

Den 18. Maij gar frühe Morgens / wie uns unser Wirth mit Schlitten versorget und wir unsere Wahren auff deren einen geladen / setzen wir uns in die übrigen / und reiseten fort / unsere Renn-Thiere führeten uns mit geringer Geschwindigkeit / als die uns neulich unser Wirth von Kola gegeben hatte / also daß wir in zwo Stunden über sechs Meilen kommen waren.

Als wir zwischen zween Hügeln / in ein Thal kamen / sahen wir einen Lapländer / der auff die Jagt gieng / er machte sich gegen uns zu / und fuhr über den Schnee fast so geschwind her / als wir / ohn das geringste Hineinsincken / Seine Schritt oder Schnee-Schue waren von Baum-Rinde gemacht / über achtehalb Fuß lang / fast wie ein halber Circkel / nur vier Finger breit / auff den Boden flach / und im selben ein holer Platz / darein er seinen Fuß setzte / und seine Schue daran anband / Seine Kleidung war Renn-Thier Haut mit den Haaren daran / Seine Mütze / Muff / Rock / Hosen und Stieffeln alles mit gestickter Arbeit gezieret / und umb die Lenden hatte er einen Gürtel von selbiger Arbeit / In der einen Hand seinen Bogen / in der andern seinen Wurffpfeil / auff den Rücken seinen Köcher voller Pfeile / und seine geliebete Katze hinter im her.

Das XXII. Capitel.

Der Author kompt wieder nach Varanger; Die Geschickligkeit der Lapländer in Werffung ihrer Spiesse / im Schiessen mit ihren Bogen / und von andern sonderbahren Dingen.

Nachdem unser Lapländischer Jäger bey einer halben Meile mit uns Gesellschafft gehalten / verließ er uns zum Ende eines Hügels. Wir giengen

gen unsern Weg und er einen andern / wir kamen vermittelst fleissigen Anhaltens umb neune des Nachts zu Varanger an / und hatten den vorigen Weg/ funden auch eben dieselbe Gelegenheit als wie wir von dannen reiseten/ ohn einige Widerwertigkeit oder Zufall.

Die Lapländer/ ob sie gleich recht arm/ viehisch/ und meistentheils Zauberer seyn/ sind nichts desto minder getreu/ halten nichts von Nehmen und Stehlen/ welches ihre fürnehmste Tugend ist. Sie sind geschickt ihre Wurff-Pfeile zu werffen/ sie werden eine Crone treffen dreyssig Schritte davon/ und einen Mann durch und durch stossen/ mit einer solchen Stärcke und Hurtigkeit schwingen sie dieselben/ und mit ihren Bogen werden sie ein Thier treffen / an welchen Ort es ihnen beliebet.

Sie haben nicht grosse Lust zum Kriege / noch natürliche Zuneigung zu andern Leuten / so gar daß wenn die Könige in Dennemarck / Schweden oder der GroßFürst in der Muscau Leute bedürffen/ und Werbung in diesen Ländern anstelleten/ sie sich in die Wälder begeben/ und dafür halten/ daß die wilden Thiere nicht so unfreundlich gegen einander seyn/ als die Menschen.

Sie haben allerley Gevögel/ als Gänse / Hüner/ Enden/ und andere/ welche sie nicht mit Wacholder-Beer futtern/ sondern mit einem andern Getreydicht/ davon sie ihr Bier brauen. Aber von nichts mehr sie so grossen Überfluß haben als von Fischen.

Die meisten wilden Thiere in Lappenland sind weiß/ als die Wölffe / Füchse/ Hasen/ und andere/ ja auch ihre Raben sind weiß/ und zwar so hoch als unsere Schwäne / ohn alle Schwärtze auff ihrem Leibe / ausser nur ihren Schnabel und die Füsse.

Die Fische welche sie treugen / derselben an statt des Brodts zu gebrauchen/ sind groß und bey zwo oder drey Frantzösischer Ellen lang/ ohn alle Graten/ ausgenommen die auff den Rücken / welches die Natur-Kündiger den Rückgrab nennen/ dessen Marck sie Kaff heissen / und ist wohlschmeckend/ dicke und fett.

Alle andere Fische kochen sie/ und essen sie so an sich selbst / ihre Schüsseln und Kessel oder Gefässe sind von Kupffer oder Holtz/ und wiewohl sie das Saltz meiden und dasselbe gantz nicht brauchen / so kochen sie doch alle ihr Essen in Meer- oder See-Wasser/ und das setzet sich gar fein zu Grunde.

Ihre Hunde sind klein/ die grössesten nicht über einen Fuß lang/ und einer Spannen hoch / ihre Haare sind Fingers lang/ dunckel-roth / zottig und steiff wie Borsten / ihre Ohren sind den WolffsOhren gar gleich / ihr Kopff und
Schnau-

Schnautze / wie die Ratten / die / mit welchen sie jagen / sind den Katzen gleich/ und diese essen sie / wann sie das ihre gethan haben / weßhalben sie bey den Lapländern sehr hoch geschätzet werden / ob sie gleich unangenehm / ungeschickt/ und ihre Schwäntze gedrähet wie an einem Dachs sind.

Sie haben eine Arth wilder Vögel unter ihnen von Perlen-grauer Farbe / an der Grösse wie ein Habicht / derer Augen sind roth und glänzend / ihr Kopff ist gleich einer Katzen / der Schnabel wie eines Adlers / ihre Füsse und Klauen ebenmässig / mit welchen sie ihren Raub jagen und fangen / beydes Hasen und andere Arth Thiere.

Das XXIII. Capitel.

Der Author gehet von Varanger ab zu Segel; Die Fortsetzung seiner Reise/ und andere sonderbahre Dinge.

DEn Tag als wir zu Varanger ankamen/begunte unser Schiff-Herr außzubessern/ und als er den nechstfolgenden Tages fertig / und unser Schiff wiederumb in guten Zustand war / ließ er unser Guth an den Bord bringen. Weil wir stille lagen / unterhielten wir die Einwohner mit Brandtewein und Taback/damit sie unsere Abreise nicht auffhielten/und uns an unsern Wind hinderlich weren/das sie so gar nicht thaten / daß vielmehr den 5. Tag hernach/welches der 25. Maij war / gleichsamb als zur Vergeltung unser Freundligkeit/ gar ein annehmlicher und bequemer Wind entstund/ uns in die See zu führen/ Wir nahmen des Vortheils gewahr/ zogen die Ancker auff / und waren umb Sieben Uhr des Nachts schon unter Segel.

Weil der Wind stärcker ward/kamen wir umb die Stein-Felsen/mitten in in unserm Wege in der offenbahren See zu vermeiden/vor Ancker zu liegen nahe bey dem Lande gegen der Insul Wardhuß über / Von dannen der Amptmann auff dem Schloß/da er unser gewahr ward/ und wuste wer wir waren/mit seiner Schlupe zu uns an den Bord kam / und nachdem wir ihn wohl und höfflich tractiret / nam er nach etlichen Stunden wieder Abscheid von uns / und gieng seines Weges.

Den folgenden Tag/ war der 27. Maij/ ließ sich die Sonne umb ein Uhr

F nach

nach Mitternacht mit ihren Strahlen sehen/ wir lichteten unsere Ancker wieder/ weil wir gleich die freye See vor uns hatten / ob wir mit Hülffe eines frischen Windes dieselbe vielleicht gewinnen möchten/ und richteten uns gegen Nord-Nord-Ost mit vollen Segeln/und das nach unsers Hertzens Lust und Wundsch.

Wir hatten noch nicht dreymahl vier und zwantzig Stunden gesegelt / da uns die Nacht verließ/ und die Sonne hatten wir allezeit im Gesicht/ entweder Rückwerts/ vor/ oder auff einer Seite.

Den letzten Maji bekamen wir die Berge/ welche Spite Bergen/oder Spitz-Berge heissen/ins Gesicht/weil wir aber von einem Nordwind/der sehr hart wehete/ auffgehalten worden / und die See nicht füglich halten konten / musten wir sie Nord-Nord-Ostwerts liegen lassen/und unsern Lauff Ost-Süd-Ost richten/ ob wir möchten Landen und uns allda in Sicherheit setzen.

Drey Tag und Nacht waren wir nicht in geringer Gefahr / und sehr incommodiret von dem Eiß / welches/ weil es gebrochen und von Bewegung des Sturms voneinander gangen war/ in grossen Stücken herzu kam / und uns mit solcher Gewalt gegen das Hintertheil und die Seiten unsers Schiffs anstiessen/ daß wir alle Augenblick meyneten/es würde in Stücken brechen.

Den vierdten Junij entdeckten sich bey einen guten Ost/hohe Berge/dahin wir unsern Lauff richteten/ wo müglich/uns unter den Schutz eines Vor-Gebirges / so wir ersahen / zu begeben. Der Wind aber wehete starck wieder gegen Nord/ wir waren froh wieder nach den Kusten von Boranday zu segeln/ welche wir auch in wenig Stunden erreichten / und giengen in einen Haven / den wir allda antraffen/ welcher sehr bequem war uns vor den Wind zu beschützen/ und uns zwölff oder dreyzehen Faden Wasser gab.

Wir waren kaum vor Ancker kommen / da sahen wir einen Muſqueten Schuß von uns zwo Schiffe/und wurden gewahr daß es unsere Schiffe waren/ die in den Sturm auff der andern Seiten des Nords-Capo oder Vor-gebirges von uns kommen/und wir vermeynet/daß sie gantz weg getrieben worden. Wir waren recht erfreuet/ daß wir geirret/ und gaben ihnen die Losung mit drey Salve-Schüssen/ und steckten unser grosse Flagge aus auff unser Hintertheil des Schiffs.

Zu bezeigen ihre Freude/ so sie wegen der guten Zeitung unser Wolfahrt hatten weil sie vermeynet/daß wir in dem Sturm/ der uns von einander geschieden/ untergangen weren/ grüsseten sie uns nicht allein wieder mit ihrem Geschütze / sondern steckten auch alle ihre Flaggen und Zierathen auff / wir thaten dergleichen/und verlangeten beyderseits unsere Schlupen in die See zu lassen/und

ein-

einander an den Bord zu kommen/ der Wind aber war zu starck/ und wir musten warten/ biß er sich geleget/ welches vier und zwantzig Stunden hernach geschahe.

Das XXIV. Capitel.

Wie die Dänischen Schiffe/ so mit dem Author aus Dennemarck gesegelt/ einander wieder angetroffen/ wie sie durch Sturm vorher von einander kommen/ und eine Erzehlung/ was ihnen beyderseits begegnet.

Das grosse Verlangen/ so unsere Freunde in diesen zwo Schiffen hatten zu wissen/ wohin uns der Sturm/ als wir von einander kommen/ geführet hätte/ verursachten sie beyde ihr langen Boote außzusetzen/ und zu uns an Bord zu kommen/ welches sie auch allerseits mit grosser Vergnügung thäten: Sie hatten uns bereits verlohren gegeben/ wie auch imgleichen wir Sie/ und gäntzlich gedacht/ wir solten einander nimmer wieder antreffen.

Sie erzehleten uns wie sie von dem Wind auff die Kuste Juhorsky/ nicht weit von Ißland/ getrieben worden/ weil sie aber nicht können vor Ancker zu liegen kommen/ wegen der Klippen/ welche sie in ihrem Außwurff inne wurden/ und einmahl nicht über drittehalb Faden tieff Wasser gehabt/ musten sie eiligst umbwenden/ und bey einem guten Ost-Nord-Ost die See kiesen so gut sie kunten/ welches sie nicht mit geringer Verwirrung vollbrachten/ biß sie endlich/ nachdem sie drey Tage mit der See und Wasser gestritten/ in den Haven kommen darin wir sie antraffen/ unter dem Vor-gebirgs Boranday/ ohngefehr acht oder neun Meilen von einer Insel/ die Kilbomovia genennet wird.

Wir erzehleten ihnen gleichfals an unserer Seite/ was wir für Gefahr außgestanden/wie wir in die See von Varanger getrieben/ und vor der Stadt für Ancker liegen müssen/ unser Schiff wieder außzubessern/ und es wieder in den Stand zu bringen daß es segeln können/nachdem wir kaum dessen Sinckung entgangen. Darneben berichteten wir ihnen unsere Zeitvertreibung in den Dänischen/Schwedischen und Mußcowitischen Lapland/unsern darin gehabten Handel/ und alles was uns sonsten begegnet.

F ij Das

Das XXV. Capitel.

Der Dänischen Beschluß in Boranday zu handeln/ und wie der Author sich mit ihnen dahin begeben.

Die Geschichte unsers guten Glücks verursachte/ daß sie die Resolution ergriffen dahin zu gehen und zu sehen/ ob sie möchten jemand allda antreffen/ der mit ihnen handeln wolte.

Diesemnach hielten wir Rath/ und ward einhellig beschlossen/ daß einer von unsern Schiffern/ ein Commissarius, zween Unter-Commissarien oder Factoren, welche die Nordische und Reussische Sprache verstunden/ nebenst zwantzig Schiffleuten und mir/ alle mit Gewehr und Vorrath auff etliche Tage wohl versehen/ solten diesen Anschlag ins Werck richten.

Wie alle Dinge beschlossen/ und alles fertig gemacht war/ gaben sie uns zwo Schlupen/ uns damit ans Land zu setzen. Wie solches geschehen/ giengen wir auff die Spitze eines kleinen Hügels zu sehen/ ob wir möchten einige Häuser ins Gesicht bekommen. Da wir keine funden/ giengen wir nach einen Berg/ eine halbe Meile von gemelten Hügel/ darauff wir/ zwey oder drey Mußqueten Schüsse von uns/ bey 5. oder 6. Personen zwischen dem Gesträuche gegen uns kommen sahen. So bald sie aber uns gewahr wurden/ lieffen sie so geschwind davon/ daß wir sie gar bald aus dem Gesicht verlohren.

Gleichwohl folgeten wir ihnen auff dem Fuß nach/ und merckten so wohl/ wohin sie ihre Flucht richteten/ daß ohngefehr zwo Stunden hernach/ da wir den Berg herunter giengen/ in einem Thal etliche wenig Häuser sahen/ und wie wir uns dahin machten/ funden wir dreyssig oder viertzig Personen mit Bogen und Pfeilen bewaffnet/ bereit uns auff dem Fall damit anzugreiffen und mit uns zu streiten/ weil sie an der Grösse unsers Hauffens vermeynet/ wir wären kommen ihnen Gewalt zu thun. Worauff wir unsern Gang einstelleten/ und Rath hielten/ ob wir solten wieder umbkehren oder weiter fort gehen/ weil wir sahen/ daß die Einwohner kühn und muthig/ und wir nicht nöthig hatten sie heraus zu fordern.

Hierauff gab sich einer von den Factoren selber an/ daß er allein zu ihnen hingehen/ und ihn Bericht geben wolte/ daß wir Freunde und Kauffleute wären/ und nichts anders begehreten/ als mit ihnen zu handeln/ wo sie etwas dienliches für uns hätten und wir für sie.

Wie

Wie solcher Vorschlag ins gemein gut befunden ward/gieng er zu den Einwohnern mit zwo Rollen Taback und einer kleinen Flasche Brandtewein.

Als er so weit zu ihnen kommen/ daß sie ihn und er sie vernehmen kunten/ rieff ihm einer unter ihnen in Muscowitischer Sprache zu/ wer wir weren/ und was unser Vorhaben/ Unser Abgeschickter sagte ihnen/ wir weren Kauffleute und Freunde/ und daß wir ihre Freundschafft zu haben/ und einen Zugang mit ihnen zu handeln/ begehreten/ so ihnen unsere Wahren anstünden. Als sie nun mit der Antwort zu frieden/ machte er das übrige vollends richtig/ gab uns ein Zeichen hinzu zu kommen/ und wir thäten/ als sie begehreten.

Das XXVI. Capitel.

Die Statur/ Kleidung/ Gebäue/ und Manier zu leben der Borandianer/ nebenst andern sonderbahren Dingen.

Als wir näher zu ihnen kamen/ verwunderte ich mich/ daß ich sie viel kleiner (von Statur) befand als die Lapländer/ ihre Augen waren von derselbigen Grösse/ Tieffe/ und Farbe/ das so wir das weisse nennen/ ist bey ihnen rothgelb/ ihr Angesicht flach und breit/ ihr Haupt überaus groß/ ihre Nase eingebogen/ ihre Gestalt recht braun-schwartz/ und ihre Schenckel als so viel Mühl-Ständer oder Seulen.

Ihre Kleider waren anfänglich ein paar Hosen/ so enge als müglich/ gemacht/ dann ein Futterhembd oder Jupe/ die biß an die Knie gieng/ Ihre Strümpffe und Kappen von weisser Bähren-Haut/ die Haare außwendig/ und ihre Schue von Baum-Rinden.

Ihre Häuser sind gebauet und gedecket mit Fischbeinen/ gar niedrig/ und in der Form eines Eyes/ länglicht rund ohn alles Liecht/ ausser was zur Thür hinein kompt/ welche nicht ungleich einem Ofenloch ist.

Diese Völcker leben gantz von Fischen und von der Jagt/ sie essen alle ihre Speisen ohn alles Saltz/ ihr getreugter Fisch dienet ihnen anstatt des Brods/ ihr Trincken ist rein Wasser/ worinn sie ihre Wacholderbeer einweichen/ welche ihm eine schärffliche/ aber annehmliche Farbe geben/ sonderlich so es aus einem von demselben Holtz gemachten Gefäß getruncken wird.

Die Weiber sind eben so unannehmlich/ wie ihre Männer/ ihre Kleider und Ergetzligkeit ingleichen/ gehen ebenmässig mit ihren Männern fischen und jagen; Kurtz/ sie haben keine Religion, und ein wenig mehr Menschliches an sich/ als das Viehe.

Wir vertauscheten all unsern Taback und Brandtewein/ so wir vor uns selbst mitgenommen hatten/ für Wolffs/ Fuchs/ und etliche wenig Wiesel- oder Hermlin-Felle die sie uns dafür gaben. Und weil sie noch mehr Felle zu vertauschen hatten/ begehrten wir/ daß sie mit nach unsern Schiffe gehen solten/ so solten sie haben was ihnen beliebte/ welches sie annahmen/ und nachdem sie mitgenommen/ was sie hatten/ giengen sie alle mit nach der See/ und so bald sie unsers Schiffs ansichtig wurden/ verwunderten sie sich über allemaßen. Wir gaben ein Zeichen/ daß sie uns Boote sandten: Darauff jedwedes Schiff uns zween schicketen/ der Commissarius, ich/ und der Factor (welcher sich alleine zu ihnen gewagt/ und uns Gelegenheit gegeben mit ihnen in Kundschafft zu kommen) giengen alle dreye in einem derselben/ und nahmen den/ den unser Factor mit uns zu handeln/ angeredet/ und noch einen andern Borandianer/ der gar gut Muscowitisch redete/ mit uns/ die übrigen blieben alle am Strande.

Das XXVII. Capitel.

Wie sie die Dänen am Bord tractireten/ und des Authors Reise in Borandan.

Nachdem wir an dem Bord kamen/ und unser Schiffer aus Erzehlung dessen was uns begegnet verstanden/ wie wild und viehisch sie weren/ gab er ihnen/ sie zu besänfftigen und zu bewegen/ daß sie uns bedienlich seyn möchten/ jedweden ein Stück Taback eines Fingers lang/ und einen Becher Brandtewein/ welches sie sehr freundlich annahmen/ und weil sie etliche Felle hatten/ versuchten sie alsbald dieselbigen zu vertauschen. Wir fragten sie/ so wir uns weiter ins Land hinein begeben/ ob wir einige Handlung thun könten? Sie antworteten/ daß wir es wohl thun möchten/ aber alle ihre Wahren würden nichts anders seyn/ als Fell oder Rauchwerck/ und da wir ihnen sagten/ daß wir mehr nicht begehrten/ versicherten sie uns/ wir würden dergleichen gnug finden/ so für unserm Taback und Brandtewein vertauschet werden könten/ und so wir ihnen ihre Mühe belohnen wolten/ wolten sie uns biß in Siberien führen. Wir wurden

den eins/ jedweden zwo Rollen Taback und vier Oſſel Brandtewein zu'geben/ daß ſie uns hin und her führeten/ und verſprachen ihnen noch etwas darüber / ſo durch ihre Vermittelung unſere Reiſe zu einen mercklichen Nutz gereichen würde/ allein ſie drungen darauff/ daß wir die Schlitten und Renn-Thiere / ſo wir unterwegens gebrauchten/ aus unſern Beutel bezahlen ſolten / welches/ weil es nicht anders als billich/ unſer Schiffer ihnen bewilligte.

Wie der Vertrag gemacht war/ und wir jeden einen Becher Wein zu deſſen Bekrafftigung gereichet hatten/ brachten wir ſie wieder in unſere Schlupen/ und ſetzeten ſie an das Land; Sie hatten verſprochen/ alles mit aller Eile zu unſer Reiſe zu verfertigen/ und ſie waren ſo gut als ihre Worte. Denn ſo bald ſie ans Land kamen/ lieffen ſie eiligſt nach ihrer Verrichtung/ und innerhalb acht Stunden kamen ſie wieder mit Schlitten/ Renn-Thieren/ und mit allen was zu unſerer Reiſe dienete.

Indem wir dieſe dergeſtalt im Schiffe tractirten/ lieſſen die andern Schiffe Brandtewein und Taback an das Land bringen/ umb mit denen zu tauſchen/ ſo zurücke blieben/ und ihrer Cameraden Wiederkunfft erwarten/ weil wir ſie nicht kunten bereden mit in unſer Schlupen zu treten/ aus Furcht/ ſie würden nimmermehr wieder zurücke kommen: Welches alle unſere Schiffer bewegte/ umb ſich/ bey ihnen zu inſinuiren/ einige kleine Flaſchen Brandtewein/ zu ihnen zu bringen/ und mit ihnen auszutrincken/ welches ſie ſo danckbarlich annahmen/ daß ſie zu Bezeigung ihrer Danckbarkeit von unſere Geſellſchafft begehrten mit ihnen zu gehen/ und bey ihnen ſolch Tractament, als ihre Häuſer und Zuſtand vermochten/ einzunehmen; Dieſes Anerbieten aber ward nur durch Zeichen gethan/ weil niemand ihre Sprache verſtund.

Da unſere zween Borandianer mit Schlitten und ſo viel Renn-Thieren wiederkommen/ fragten wir ſie/ ob ſie ihrer nicht mehr brächten? Ihre Antwort war/ daß ihrer nicht mehr zu bekommen. Und da wir vermerckten / daß ſie gröſſer weren/ als die in Lapland/ fragten wir ſie/ ob ſie ſtärcker weren/ ſie ſagten ja/ und daß die Lapländiſchen Renn-Thier nur einen Mann führen könten/ dieſe aber zween. Und darumb were jedweder Schlitte / zween zu führen/ gemacht. Als ſolches unſern Schiffern berichtet ward / ward nach gehaltenen Rath beſchloſſen/ daß unſer Commiſſarius, die zween Factoren, welche ſehr gut Ruſſiſch redeten/ ich/ und ein Schiffmann aus jedem Schiff mit dieſen zween Borandianern fortgehen ſolten. Zu dieſem Vorhaben beluden wir eines von unſern Elend-Thieren mit Taback/ Brandtewein/ Silber und etwas Gold/ alles zuſammen eines ziemlich hohen Werths. Ich kam zu unſern Commiſ-
ſario

sario zu sitzen/ einer an dem einem/ der ander an dem andern Ende/ mit dem Angesicht einer gegen dem andern über. Einer von den obgemeldten Factoren setzte sich auff gleiche Weise zu einen Borandianer/ der ander zu den andern/ zween von unsern Schiffleuten/ sassen auch beysammen/ und der dritte alleine/ welcher den übrigen Raum mit Flaschen Brandtewein und Taback ausgefüllet/ und in dieser positur setzten wir unser Reise fort.

Diese Elend-oder Renn-Thiere führeten uns eben so geschwinde/ wo nicht geschwinder/ als die in Lapland/ also daß wir in acht Stunden zusammen über Berge/ durch Felder und Thale geführet wurden/ daß wir weder Menschen noch Häuser sahen. Endlich kamen wir nahe an einen grossen Tannen-Wald/ da wir fünff oder sechs Häuser/ohngefehr ein hundert Schritte von uns/gewahr würden/ da wir ohnweit von den einem derselben die Renn-Thiere auff den Mooß trieben/ und uns mit Zwyback und gesaltzenen Fleisch erholeten/ unser Borandianer aber mit getreugten Fisch in Oel getuncket/ welches wir zu dem Ende vor sie mitgenommen hatten/ weil sie weder Brodt noch Saltz vertragen können; Unser Tranck war aus einem nahe darbey gelegenen Brunnen/ darauff wir einen guten Zug aus unserer Flasche thäten/ und giengen also wieder unsere Schlitten/ und setzten unsern Lauff drey Stunden länger fort/ da wir dann an den Anfang eines Berges unterschiedliche Häuser nahe bey einander liegen sahen/allda wir die Nacht über bleiben solten. Als wir nun darzu kommen/ funden wir dieselbigen so klein/ daß wir uns musten theilen/ und in zwo Häuser einquartiren/ welches wir gar gedultig thäten/ indessen unsere Wegweiser die Renn-Thier abzaumeten/ und sie auff die Weide schickten.

Das XXVIII. Capitel.

Die Fortsetzung des Authors Reise in Boranday/ und etliche sonderbahre Sachen von den Einwohnern daselbst.

Nachdem wir sechs oder sieben Stunden auff der Bähren-Hauts-Streu ausgeruhet/ welche unser Hauß-Wirth auff die Erden zu unsern Lager ausgebreitet hatte/ stunden wir auff und fragten/ ob sie nichts zu vertauschen hätten? Darauff sie allerley Wolffs-Felle/ weisse Fuchs-Felle/ zwey Dutzend Herm-

Hermlin/ über dieses drey hundert Eichhörner Felle/ und sieben Paar Zobeln herfür brachten. Sie wolten nichts mit unsern Taback zuthun haben/ als die nicht so freundlich und gut-artig waren/als ihre Landsleute auff der Kuste/weil sie allein von der Jagd lebten. Im Sommer ist ihre Speise frische Kost/ gesotten oder auff Kohlen gebraten. Im Winter anders nicht/als getreugete Speise/ welche sie ihnen im Sommer einschaffen/ und an der Sonnen auff einem Rade oder auff dem Giebel ihrer Häuser treugen/ welche sehr niedrig gebauet sind/ und mit Zweigen von Bäumen/ und Rasen von Erdreich bedecket sind/ ohn alles Licht/ als was zur Thüre hinein kömmet/ welche/ wie vor erwehnet/anders nicht als ein Ofen-Loch außsiehet.

Diese Borandianer (als unser Wegweiser uns berichtet/) verändern ihre Wohnungen so offte als die Killopen/ Sie leben Viehisch ohn alle Religion oder Gottesdienst/ und sind dummer/ als alle die uns begegnet. Sie sind eben so ungestalt als ihre Nachbaren. Ihre Schue sind von Baum-Rinden. Ihre Strümpffe/Hosen/Kappen und Röcke/ (welche ihnen unten biß auff die Waden gehen/und mit einem Gürtel vier Finger breit umbgürtet sind/) sind alle von weisser Bährenhaut/die Haare außwerts gekehret. Die Weiber sind von den Männern anders nicht als bey den Haaren zu unterscheiden/ welche außgebreitet sind/ und die Schultern herab hangen/ Sie sind so behende und erfahren in der Jagd als ihre Männer; Ihre Waffen sind nur ein zugespitzter Stecken von einen gewissen Holtz/ welches alles durchdringet/ ein höltzern Bogen/ dessen Sehne von Baum-Rinde gemacht ist/ ein Köcher mit Pfeilen auff ihren Rücken/und ein Stein/der wie ein Schermesser schneidet/ an ihren Gürteln.

Wie unser Handel vollendet war/ und unser Wegweiser unsere Schlitten zurecht gemacht/ auch jedweder unter uns ein guten Trunck Brandtewein zu sich genommen/satzten wir uns drauff und rannten neun oder zehen Stunden fort/ ehe wir wieder einen Menschen oder Hauß sahen/ endlich wurden wir drey oder vier Häuser gewahr/ darzu unser Wegweiser die Renn-Thiere wendete/ woselbst/ob wir schon keinen Menschen funden/entschlossen wir doch außzuruhen/ und unser Viehe zu laben/derer Speise anders nichts alsMooß war/ und an demselbigen Ort hatten sie dessen eine volle Taffel.

Wir assen und truncken/ was wir hatten/ und machten uns lustig wie die Bettler/ da solches verrichtet/ sassen wir nach drey Stunden-Erholung/ wieder auff/und setzten unsere Reise so fleissig fort/ als wir vermochten.

G Das

Das XXIX. Capitel.

Der Author begegnet einen Borandianer Herren/ der nebenſt zween ſeinen Dienern von der Jagd kam/ ſampt einer Beſchreibung ihrer Kleider.

Nach fünff Stundigen und unabläſſigen Reiſen/ohne daß wir einmahl unſere Renn-Thier gefuttert/noch wir ſelber ausgeruhet/und weder Häuſer noch Menſchen die gantze Zeit über geſehen / wurden wir dreyer Jäger gewahr/ zu welchen wir uns hinzu machten; Der eine war auff Muſcowitiſch gekleidet/in einen langen biß auff die Knöchel herabgehenden Rock / mit einen Gürtel umb ſeine Lenden / vier Finger breit von Wolffs-Haut / die Haare auswerts gekehret/ es war ſo weiß als der Schnee/ und an der Spitze ſo ſchwartz als ein Gagat. Er hatte eine runde Mütze auff / wie die Schiffsleute / von ſchwartzen Fuchs-Balg/ ſeine Hoſen und Strümpffe waren von Renn-Thiers-Haut/ und ſeine Schue von Fiſch-Haut / wie die Einwohner in Varanger tragen. Der andern Kleider waren auff eben die Art / von weiſſen Bähren gemacht/ die Haar auswerts gekehret. Sie hatten jedweder ein Dutzend Bähren-Häute/Wolffs-Felle/ weiſſe Fuchs-Balge/ etliche Hermelin/ und ſehr ſchöne Zobeln/ als ich jemahls geſehen. Er/ der in dem weiſſen Wolffs-Fellen/ führet nichts / als ein Dutzend weiſſe Raben / und ſieben Zobeln/ die er an dem Gürtel hangen hatte.

Als wir mit ihnen fort fuhren/ hielt einer von unſern Wegweiſern plötzlich auff / mit dem Vornehmſten unter ihnen zu reden / ſprang alſofort von ſeinem Schlitten und ſetzte ihn an ſeine Stelle nebenſt einen unſerer Factoren, darüber mein Commiſſarius und ich uns gar hoch entſetzten. Solcher Geſtalt reiſete er mit uns über eine Stunden lang / und wir konten immittelſt kein Hauß zu ſehen bekommen. Endlich ſahen wir von der Höhe eines Berges auff der lincken Hand die See/ und an den Grund deſſelben unterſchiedliche Häuſer / die nahe bey einander ſtunden / wie eine kleine Stadt. Unſere Renn-Thiere führeten uns gleich dahin/ und wir ſtiegen ab in des Herrn Hauſe/den unſer Wegweiſer an ſeine ſtatt geſetzet hatte / auszuruhen. Wir erkenneten / daß er ſeine Perſon von mehrerm Anſehen war/als ordinar, an der Auffwartung der Einwohner/welche alsbald zugelauffen kamen uns zu bedienen/und hulffen uns aus unſern

Schlitten mit aller erdencklichen Dienstfertigkeit / die Stadt hieß Vizzora. Der Herr handelte mit uns für unsern Taback und Brandtewein / und gab uns an derer statt alle Felle die er hatte bekommen / ausgenommen seine weisse Bähren-Häute/ welche wir nicht erhandeln wolten/ und seine Zobeln/die er nicht überlassen durffte / weil es vom GroßFürsten in der Muscau / den sie Czar nennen/ verbothen war / welche sie vor demselben behalten / also daß kein Mensch in allen diesen Herrschafften solche verkauffen darff/ ohne dessen Zulassung oder seiner Commissarien, (die an allen Orten/ wo er seine Magazinen hat) bestellet sind/ bey grosser Leibes Straffe / also daß wenn sie solche einem etwa verkauffen / sie solches mit grosser Fürsichtigkeit und Verborgenheit thun müssen/ so müssen auch die/ so solche kauffen/ es wohl verborgen halten. Denn so der Commissarius oder Gouverneur dieser Orten/ wo alle Wahren untersuchet werden / eine Zobel findet / die nicht von dem GroßFürsten selber verkauffe worden/ so werden von dessen Bedienten/ oder Zöllner nicht allein dieselben/sondern auch alle Güter/ die der Kauffmann hat/ ohne einige Wieder-Lösung confisciret und weggenommen.

Der Borandianer Herr / nachdem er seine eigene Wahren verhandelt/ und vertauschet/ was er hatte/ und verspürete / daß wir zu mehrern Lust hatten/ sandte er zween seiner Diener ab durch die Stadt/ ihnen anzumelden/ daß so sie wolten ihre Felle/die sie hetten/ verhandeln/ sie zu uns kommen solten / wir wolten ihnen Taback und Brandtewein dafür geben/ und daß ihr Herr alle die seinigen/ so er gehabt / mit uns verhandelt hette / über welche Gelegenheit sie froh wurden/ und stelleten sich alle ein mit ihren Fellen/ davon wir/ was uns dienlich/ tauschten.

Wie wir nun bey funffzehen hundert/ von allerhand Sorten Felle hatten/ fragten wir den Hauß-Herrn / ob er uns nicht einen Boot verschaffen könte/ damit wir einen von unsern Schiffleuten sampt den Wahren nach unsern Schiff senden könten ? Er sagte ja/ er könte es wohl thun/und ließ alsofort einen fertig machen/ welcher fast wie eine Goadel war/ in der Mitten breit und an beyden Enden zugespitzet/ alles von Holz ohn einig EisenWerck / oder Nagel/ in der Mitten hatte er einen Mastbaum/ mit einen grossen viereckichten daran festgemachten Segel von Leinwand/ so aus Baum-Rinde gemacht war / und sehr zierlich gesticket war. Die Seile oder Stricke waren gleichfals von Baum-Rinde gemacht/daran hiengen zween Ancker/ die aus einer Art schweren Holtzes gemacht waren/ welche augenblicklich zu Grunde suncken/ und die Schiff-Seile sampt ihren Stricken von eben demselben.

G ij

Wie

Wie wir nun unsere zween Männer verordnet nebenst unsern Schiffman fortzugehen/ und er sie/ zu ihrer Abreise fertig sahe/ führete er uns beyseit/ und zeigete uns dreyssig paar Zobeln/ die wir ihn vor bahr Geld und ziemlich guten Kauffs abhandelten/ und trug gar keine Sorge deswegen/ hetten wir aber das Glück nicht gehabt/ diesen Boot zu entlehnen/ und er nicht gesehen/ daß wir anstund selbiges nach unserm Schiff abgefertiget/ dahin er wuste daß kein Nachsucher kommen würde/ hetten wir ihn keinesweges solche uns zu verhandeln bewegen können/ als der wohl wuste/ so er offenbahr würde/ er nicht allein am Leibe gestrafft/ sondern auch er und sein Geschlecht/ als Leibeigene nach Siberien geschickt worden were/ allda er lange genug hette bleiben müssen/ ehe er von dannen wieder zurück kommen were.

Als unser Schiffer und seine zween Borandianer weggefahren/ fieng unser Commissarius und die zween Factoren an mit ihm und unsern Wegweiser zu trincken. Ich und zween andere Schiffleute nahmen dieser Gelegenheit gewahr/ und giengen indessen hin die Stadt zu besehen. Wir verwunderten uns gar sehr darüber/ als die zwischen zween Bergen lag/ deren jedweder bey einer Meile hoch war. Die Häuser waren von Fisch-Beinen sehr künstlich gebauet/ die Tächer ebenmässig an etlichen Orten aber mit Moß ausgestopffet/ mit Schilff bedecket/ und dergestalt vermacht/ daß kein Wind/ als nur zu den Thüren/ die wie die Ofenlöcher seyn/ hinein kommen kunte/ und auff dem Giebel im Hause/ da ein Loch oder Fenster war/ dadurch das Liecht eingelassen wird. Wir sahen unterschiedliche von ihren Weibern und Kindern/ an ihrer Arbeit/ etliche unter ihnen strickten Netze von Baum-Rinde/ zu ihrer Fischerey/ andere Segel vor ihre Boote/ so eine Art von feinen geflochten Decken war; andere machten Beile/ Schwerdter/ Spitze/ Wurff-Pfeile/ und Pfeile von Fisch-Beinen; andere machten Kleider auß Bähren-Häuten/ die sie mit Zwirn auß Baum-Rinde gemacht/ mit Nadeln von kleinen Fisch-Graten zusammen neheten; Sie waren alle greulich anzusehen/ klein/ flachnasicht/ und schwartz wie die Teuffel.

Das XXX. Capitel.

Des Authors Wegzug von Vitzora nach Potzora/ und sein Handel daselbsten.

DA wir wieder zu unser Gesellschafft kommen/ entschlossen unser Commissarius und Factoren einen von unsern Wegweiser sampt den Schlitten und

und Renn-Thieren wieder zurück zu senden/und die Gelegenheit zuergreiffen nach Potzora zu Wasser zu gehen/ welches auch/ wie beschlossen/ ins Werck gerichtet ward. Unser Land-Herr und zween seiner Knechte giengen zur curiosität mit uns/ wir schifferten an dem Strande mit einem guten Westwind hin / und kamen in funffzehen Stunden gen Potzora/ welches eine kleine Stadt ist/ und lieget an einem kleinen See der eben auch so heisset. Wir wurden schlüssig uns alsofort in dem Schloß bey dem Gouverneur anzugeben/ welcher warlich anders nichts ist als ein Factor oder Agent des grossen Czars / wie auch alle von gemelten Groß-Fürsten in diesen Orten bestellte Gouverneur anders nichts seyn; Es sind wenig Edelleute in der Mußcow/ welches meiner Meynung nach die Ursache ist/ daß sie so grob und ungezogen sind/ welches mit der Aufferziehung der Edelen sich gar nicht reimet.

Der Gouverneur war ein Muscowiter/ seine Kleidung war zwischen Viol-braun und roth/ er tractirete uns insgesambt wohl mit einem sehr fürtrefflichen Meth/ der dem Spanischen Wein nicht ungleich war / imgleichen mit Brandtewein und Pfefferkuchen. Und weil er die Auffsicht über des Czars Magasinen von Zobeln hatte/ fragten wir ihn / ob er uns etwas für Geld überlassen wolte/ er antwortete Ja mit Ja/ und da er uns weiter fragte/ was wir begehreten/ gaben wir ihm zur Antwort/ alles was er hätte/ wenn wir solches umb billigmässigen Kauff haben möchten. Darauff führete er uns in seinen Laden/ und zeigete uns fünff Zimmer Zobeln/ (welches funffzig Paar sind) davon zwo Paar so gut/ als ich mein Lebetage gesehen/ welche von Natur schwartz waren als ein Gagatstein/ für welche Stücke wir ihm 500. Ducaten/ welches bey drey Tausend Frantzösischer Pfund ist/ zahleten/ und für die übrigen vier Hundert Ducaten/ welches so viel ist als acht Hundert Frantzösische Cronen.

Da wir ihn nun vor das jenige/ was er hatte/ bezahlet/ und sie mit des Groß-Fürsten Siegel zeichnen sehen/ konte er nicht unterlassen uns zu tractiren, zu welchem Ende er zwey Schlupen abfertigte frische Fische zu holen/ schlachtete ein jung Renn-Thier/ und mit einigen Vogeln darnach seine Knechte außgangen waren/ machte er uns eine herrliche Mahlzeit beydes von Fischen/ Fleisch/ und Muscowitischen Zweyback/ Wir sassen gantzer acht Stunden über der Tafel/ und als mittlerzeit die Dünste von Meth und Brandtewein/ so wir getruncken hatten/ ins Haupt gestiegen/ waren wir froh daß wir auff unsere Bähren-Häute kamen/ welches alle die Betten waren/ die wir haben konten.

Da wir nun sechs oder sieben Stunden geschlaffen hatten/ stunden wir auff/ truncken einen Becher voll Brandtewein/ und giengen in die Stadt mit einen kleinen Bedienten/den der Gouverneur mit uns sandte/welcher uns hinführete/ wo wir zwey Tausend Eichhörner Felle/ und vier Dutzend Hermelin/ Fünff-hundert Fuchsbälge/ darunter die meisten so weiß als Schnee/ die übrigen aber schwartz waren/sechs Schock Wolffs-Häute/ zwey Hundert Marder von einer Aschen-grauen Art/welche uns alle zusammen vier Hundert Ducaten kosteten an Kupffer-Müntz/ welche uns ungelegen war mit umbher zu führen/ Diesemnach wir wieder nach dem Schloß mit unser Wahre kamen/packeten sie in Ballen/in Matten oder Decken/so von Baum-Rinde gemacht waren.

Da wir nun unsere Güter dergestalt eingepacket/ so wurden wir Rachs einen Factor mit denselben nach unsern Schiff abzusenden/ weßwegen wir unsern Wirth ersuchten/ daß er uns ein Boot verschaffen solche dahin zu führen/ womit er uns gantz willig willfahrete. Zwo Stunden hernach reiseten unsere zween Bedienten weg mit drey Borandinen die uns unser Gouverneur gelehnet nachdem er ihnen zuvor eingebunden/ daß sie dieselben sicher in unser Schiff bringen solten/und ihnen zehen Ducaten bezahlet/ auch den Männern so sie führeten/ jeden ein klein Stücklein Taback gegeben/ mit versprechen das übrige ihnen bey ihrer Wiederkunfft zuzustellen.

Da nun unser Factor und seine Gesellschaffter weg waren / fiengen wir abermahls an ohnordentlich mit unsern beyden Gouverneuren zu trincken/ und der Gouverneur von Vitzora leerete seine Becher so frey aus/daß er schwerlich sich mehr besinnen kunte/ wo er sie niedersetzete. Dieses Schweigen wehrete vier gantzer Stunden/darnach begaben wir uns zur Ruhe.

Das XXXI. Capitel.

Des Authors Abschied zu Potzora nach Siberia zu gehen/ wie er daselbst fünff Personen antraff/ die von den Groß-Fürsten ins Elend dahin verschicket waren/ den elenden Zustand/ so sie außstehen müssen; und seine Ankunfft zu Papinogorod.

So bald wir des Morgens auffgestanden/ ersuchte unser Commissarius den Gouverneur zu Potzora/daß er uns mit Schlitten auff unserer Reise nach

nach Siberia verſehen wolte : Er verſchaffte uns ſieben Schlitten/ einen vor den Commiſſarium, einen vor den Factor, einen vor mich/ zwo vor unſere zween Schiffleute/ einen vor unſern Wegweſer/ und den übrigen vor unſern Taback/ Brandtewein/ und andere Lebensmittel/ die er uns zur Reiſe gab / aber unſer Geld nahm der Commiſſarius ſelber zu ſich.

Nachdem unſere Renn-Thiere gezäumet und vor die Schlitten vorge-ſpannet waren/ ließ er freywillig noch einen andern holen/ den er uns mit zum Wegweiſer biß an den Orth mitſandte / da wir andere Renn-Thiere nehmen/ und ſeine wieder außliefern muſten ; für welches alles wir eins wurden ihm vier Ducaten zu geben/ aber ehe wir noch wegzogen/ tranck ein jedweder unter uns noch fünff oder ſechs Becher Brandtewein zum Abſchied aus/ und nachdem wir dem Gouverneur zu Potzora und Virzora für ihre uns erwieſene Hoͤffligkeit Danck geſaget/ giengen wir an den Fluß hin/ durch ſehr gefährliche Oerter/ da wir keine gemachte Bahn in acht nahmen/ gantzer vier Stunden/ daß wir keine lebendige Creatur zu ſehen bekamen/ auſſer weiſſe Baͤhren/ ſo groß als wir ſie je-mahls geſehen/ welche/ ſo bald ſie uns anſichtig wurden / ſo geſchwind ſie kunten/ darvon lieffen; Zwo Stunden hernach / ehe wir gedachten/ kamen wir zu ſieben oder acht Häuſern/ funden aber keinen Menſchen darinn/ weil die Einwohner al-le auff die Jagd gezogen waren.

Wir ſtiegen von den Schlitten ab/ und giengen hinein uns zu erfriſchen/ Und in kurtzer Zeit kamen fünff oder ſechs Weiber und Männer ſampt ihren Kindern von der Jagd/ welche ihnen dieſen Tag glücklich geweſen war / Sie brachten mit ſich ſechs Bähren-Häute/ vier Wolffs-/ ſieben weiſſe Fuchs-bälge/ und ein Bund Hermlin / und acht Zobeln. Sie entſatzten ſich ſehr uns in ih-ren Häuſern zu ſehen/ und hätten ſich ſollen wieder auff ihre Füſſe machen und darvon fliehen/ wo nicht unſer Wegweiſer/ der uns von dem Gouverneur zu Potzora gelehnet worden/ ihnen zuvor kommen/ und ſie verſichert/ daß wir Freun-de und Kauffleute wären/ und nach Papinogorod reiſeten/ und daß wir ihnen alle ihre Felle/ die ſie hätten/ abkauffen würden. Auff welche Zuredung ſie wie-der umbkehreten/ ſperreten aber den Mund auff/ und erſtarreten faſt in der groͤſ-ſeſten Verwunderung der Welt beydes in anſehung unſer Kleider/ welche ihnen frembde waren/ und unſerer Geſtalt/ und Sprache/ davon ſie nicht ein Wort ver-ſtunden/ eben ſo wenig alswir von ihrer ; Gleichwol machten wir vermittelſt un-ſers Dolmetſchers Anſtalt mit ihnen zu tauſchen / und ſie verſorgeten uns mit Renn-Thieren biß an den Mund des Fluſſes Papinogorod zu führen.

Als wir von dem Fluß Potzora außgefahren bey zwo Stunden/ und dem-
jenig

jenig nachfolgeten/ der uns nach Papinogorod führete/ ersahen wir/ aus einem grossen Walde fünff Männer kommen bekleidet in Bähren-Haut auff Muscowitische Weise/ jedweder von ihnen trug ein Rohr auff den Achseln/ seine Tasche an der Seiten/ und ein kurtz Schwerd/ wie unsere Jäger tragen in der Hand/ sie giengen auff uns zu/ wir liessen unsere Schlitten auffhalten/ und unsern Wegweiser fragen/ was es für Volck wäre. Einer von ihnen/ der urtheilete daß wir Frembde wären/ grüssete uns auff Deutsch/ wündschete uns einen guten Tag/ und ihm selber so viel Freyheit als wir hätten. Unser Commissarius, welcher ein Nieder-Sachse war/ da er ihn hörete Deutsch reden/ fragte ihm nach seinem Lande/ worauff die Person antwortete; Und da unser Commissarius befandt/ daß er von seiner Bekandschafft wäre/ stieg er vom Schlitten/ nahm ihn in seine Arme und küssete ihn/ und begehrete zu wissen/ wie er dahin kommen wäre; Die Person antwortete/ daß er von dem Groß-Fürsten dahin auff die Zebel-Jagd verbannet wäre/ welches in diesem Lande eine ordinare Straffe ist/ als wie in Franckreich/ wenn man einen auff die Galleen schickt/ Etliche werden auff zehen Jahr verbannet/ etliche auff sechs/ etliche auff drey/ mehr oder weniger/ nachdem ihr Verbrechen ist/ und wenn solche ihre Zeit aus ist/ so bekommen sie ihre Freyheit wieder/ und sind frey.

Ihre Bekandschafft und meine eigene Curiosität brachte mich auch aus den Schlitten/ und ich hatte kaum den Fuß auff die Erde gesetzet/ da kam ein ander von ihnen/ und umbfieng mich/ und fragte mich in Frantzösischer Sprache mit seufftzen/ woher ich käme/ und wohin ich gedächte; Ich entsatzte mich höchlich/ weil ich ihn im geringsten nicht kandte wegen seiner Kleidung/ seines grossen Barts/ seines kahlen Kopffs/ und wegen der Magerheit seines Leibes/ der nicht als Haut und Bein war. Er vermerckte daß ich seiner vergessen/ und berichtete mich/ daß er ein Edelmann aus Lothringen wäre/ Oberster über ein Regiment zu Pferde bey den Groß Fürsten in der Muscau/ hätte mich offt in seinem Hause zu Stockholm gesehen und tractiret/ auch allen Fleiß angewendet mich zu bereden/ daß ich mit ihm in Muscau gehen solte; Die statliche Außrüstung/ darinn ich ihn gesehen hatte/ die Ehre so ihm jedermann in seinem Stand erwiesen/ sein Befehl bey der Armee, und seine statliche Person/ und die Betrachtung des erbärmlichen Zustandes/ darinn er nun war/ zwungen wider meinen Willen mir die Thränen aus den Augen. Ich umbfieng ihn hinwiederumb/ und begehrete die Ursache seiner Ungnade zu wissen/ da sagte er mir/ daß es ein Verdacht wäre/ den der Groß Fürst wegen seiner Treue auff ihn geworffen/ und ihn nach Siberia verbannet hätte. Er sagte mir weiter/ daß er gehabt/ und noch

stünde

stünde in unaußsprechlicher Gefahr und Elend/ so einem bey solchen Zustand unvermeidlich weren/ nicht allein wegen des Hungers und grausamen Gewitters/ sondern auch wegen steter Jagd/ darin er dem Raub der wilden Thiere unterworffen/ die wegen Mangel ihrer Nahrung manchmahl die jenigen anfielen/ so sie jagten/ aus deren Ursache sie diese Waffen führeten sich zu beschützen/ und daß neben allen diesen Elend/ wo sie nicht ihre bestimte Zahl Zobeln fiengen/ es geschehe solches aus Nachlässigkeit oder nicht/ da wurde nicht nachgefraget/ bekämen sie so viel Streiche/ auff ihre blosse Haut/ mit einem gewissen Gürtel/ so von dicken und scharffen Fell gemacht/ daß es unerträglich zu erleiden. Unsers Commissarii Freund erzehlete ihm oben das/ und die übrigen/ so alle gut Frantzösisch und Deutsch redeten/ bekräfftigten es/ daß es sich in Warheit also verhielte. Einer unter ihnen war ein grosser Commissarius des Groß Fürsten gewesen/ der ander General Lieutenant, und alle ingesampt vornehme Personen/ nach welcher außführlicher Erzehlung alles ihres Jammers sie uns einmüthig versicherten/ daß/ so es GOtt belieben möchte/ daß sie die Zeit ihres Urtheils überleben möchten/ sie nimmermehr in einigem Lande/ so unter des Groß Fürsten Gewalt/ länger bleiben wolten. Wir zogen/ sie in ihren Bekümmernuß zu trösten/ unsern Vorrath herfür/ satzten uns zusammen auff die Erde nieder/ und tractirten sie so gut wir kunten/ Wir sagten/ daß wir froh seyn wolten/ wenn wir auff einigerley Weise zu ihrer Erledigung könten behülfflich seyn; dafür sie uns Danck sagten/ aber darneben meldeten/ daß es unmüglich wäre/ in ansehung Sie bey allen Gouverneuren dieser Orten/ dadurch wir reisen musten/ bekandt wären/ und so sie von uns mitgenommen würden/ so wäre gewiß/ daß sie durch die allergreulichste Marter sterben müsten/ und wir wurden unvermeidlich unser Leben über diesen Handel verlieren. Und weil sie solches mit so grosser Freyheit und Auffrichtigkeit darthäten und erwiesen/ so verduppelte es den Schmertzen/ der uns allbereit eingenommen/ weil wir ihnen in so elender Begebnuß und Nothturfft nicht konten zu Hülffe kommen. Nachdem wir nun vier gantzer Stunden mit ihnen stille gehalten und geredt/ dauchte uns Zeit zu seyn Abschied zu nehmen/ und als wir jedweden unter ihnen ein halb Pfund Taback verehret/ und sie wohl von unserm Brandewein getruncken/ und von Zweyback und Pfeffer-Kuchen/ den wir von Potzora mitgebracht/ wie auch von unserer eingesaltzenen Kost gegessen/ so sagten wir ihnen Adieu, GOtt den Allmächtigen bittend/ daß Er ihnen Krafft und Stärcke verleihen wolle/ alles das jenige zu überwinden/ was ihnen begegnen möchte/ und verhoffen/ wir sie wieder in ihrer vorigen Herrligkeit und Stand zu sehen; stiegen darauff wieder auff unsere Schlitten und reiseten

seten drey gantzer Stunden/ehe wir ein Hauß zu sehen bekamen. Endlich wurden wir ihrer fünffe oder sechse gewahr/ dahin wir uns begaben/ und traffen darin bey zwölff Personen an / Wir fragten sie/ ob sie keine Felle hätten/die sie uns überlassen wolten/sie sagten Ja/und wie sie uns allerley gezeiget/erhandelten wir solche von ihnen theils vor bahr Geld / theils vor Brandtewein / damit sich diese Völcker sehr gerne anfeuchten.

Wir verfolgeten unsere Reise langs den Fluß / und sahen an beyden Seiten desselbigen Buden/ in etlichen wenig/ in etlichen unterschiedlich Volck / von allen diesen kaufften wir/ was wir kundten bekommen / bißweilen für Geld / bißweilen für Brandtewein / allein ihre Zobeln wolten sie nicht sich unterstehen zu verkauffen/weil sie sich befürchteten/sie möchten von dem Gouverneur zu Papinogorod/ dahin wir reiseten / gefunden werden / welcher nicht unterlässet alle Wahren zu untersuchen / die in der Stadt ein oder außgehen / damit nicht ein einige Zobel heimlich weggebracht werden kan.

Wir reiseten über das Gebirge/ welches Boranday von Siberia scheidet/ welches recht unlustig und mühselig ist / wegen der Wildnüß des Landes / unbewohnet beydes wegen des unfruchtbaren Bodens und Schnees/ welcher stets darauff lieget/ als auch wegen der grossen Menge der Bähre und weissen Wölffe / welche uns in wehrender Reise an diesen Orten nicht geringe Furcht machten/weil wir alle Augenblick gewärtig seyn musten/daß sie auff uns zusetzten/ wir vermerckten aber / daß sie eben so sehr sich für uns fürchteten / weil sie auff aller Begegnuß für uns flohen / einer diesen ein ander den andern Weg hinaus / und alle mit grossen Schrecken/welches wir den Glantz unsers Gewehrs viel zuschrieben / daraus wir abnahmen / daß sie uns mehr für Jäger als für Kauffleute ansahen.

Nach vieler Arbeit unserer Renn-Thiere und unser Beschwerung / und Zwölff-stündiger Bemühung kamen wir von den Bergen herunter/ in einen unter dem Gebiete von Siberia gelegenen Flecken / dessen Einwohner alle in Bahren-Haut gekleidet waren/die Haare außwerts gekehret / aber etliche trugen Leinwand/und bunte Decken darüber / woraus wir schlossen/ daß sie bessern Schlags seyn wurden / als ihre Nachbarn / die wir verlassen hatten. Und in Warheit/ sie empfiengen uns höfflicher/ und fragten/wer wir wären / woher wir kämen/und wohin wir gedächten. Wir assen und truncken mit ihnen von dem/ was wir hatten/und sie hingegen brachten herfür / was ihre Stadt vermochte/ welches war gesaltzen Bähren- und Wolff-Fleisch / mit einer Arth Pfeffer Kuchen/und Brandtewein. Alle ihre Felle die sie hatten/ kaufften wir mit bahren Gelde/

Gelde/ auſſer ihre Zobeln/ und weil wir verlangeten etwas außzuruhen/ giengen
wir in eines ihrer Häuſer / welches nach der Lapländiſchen Weiſe gemacht
war / und legten uns bey fünff oder ſechs Stunden nieder auff Bähren-Häute/
und als wir wieder auffſtunden/ truncken wir zuſammen unſern Morgentranck
in Brandtewein / ſetzten uns auff unſere Schlitten / und giengen fort nach Pa-
pinogorod/ allda wir in zwantzig Stunden ankamen / nachdem wir ein Paar
mahl unterwegens unſer Viehe ihr nothdürfftiges Futter auff dem Mooß genieſſen laſſen.

Das XXXII. Capitel.

Wie die Dänen zu Papinogorod bey den Gouver-
neur, und der Author unter andern empfangen
worden.

DA der Gouverneur zu Papinogorod von unſer Ankunfft gehöret / ſandte
er zu uns vom Schloß/ zu vernehmen/ wer wir wären/ woher wir kämen/
und was unſere Verrichtung wäre / Auff ſeine Einladung giengen wir hin ihm
auffzuwarten/ und nach gewöhnlicher Begrüſſung (weil unſer Factor die Muſ-
cowitiſche Sprache ſehr wohl redete) gaben wir ihm in allen/ was er begehrte/
gnugſamen Beſcheid.

Wie er nun vernahm/ daß wir Däniſche Kauffleute waren / und allein
Felle zu kauffen kommen wären / tractirete er uns ſehr höfflich / und zu bezeigen
wie hoch er uns ſchätzete / und daß er uns für Freunde hielte / ließ er ſeine Frau
holen und uns willkommen heiſſen / welches ſie anſtunds that / und brachte mit
ihr/ nach der Muſcowiter Gewohnheit / eine Flaſche Brandtewein in der einen
Hand/ und in der andern eine ſilberne Schale/ Ihr folgete auff dem Fuſſe nach
ihre Magd mit ein Stück Pfeffer Kuchen auff einem Teller. Die Weiſe uns
zu grüſſen geſchach mit Neigung ihres Haupts/ und dann löſete ſie ihr Armband
an den Futterhembde an dem rechten Arm auff/ und ließ es biß auff den Boden
herab hangen/ welches unſer Commiſſarius, als der die Weiſe wuſte / ſehr ge-
ſchwind/ und gar höfflich/ wieder auffhub und küſſete/ und nach ihn unſer Factor
und ich. Dann hielte ſie es auff ihren rechten Arm/ und faltet es wiederumb auff
mit ihrer lincken Hand/ da dieſes verrichtet / forderte ſie ihre Schale wieder/ nei-

gete sich gegen uns jedweden/ und alsdann reichte sie uns ihren Pfeffer Kuchen. Sie blieb stillstehend an dem Ende der Taffel bey ihren Mann/ und als sie uns darauff etliche Zeit unterhalten/ kehrete sie wieder nach ihrem Gemach/ und wir begunten mit dem Gouverneur zu trincken/biß es Abend ward/da wir uns denn auff ein gut Bette legten/wie es das Land mit sich brachte.

Das XXXIII. Capitel.

Der Dänen und des Authors Handelung in Papinogorod/ die Situation der Stadt/ sampt der Kleidung und Sitten der Siberianer und Muscowiter.

Jr ruheten sechs oder sieben Stunden in des Gouverneurs Hause/ ehe wir auffstunden/ und so bald er hörete/ daß wir uns regeten/ stund er auch auff/ und kam zu uns in unser Kammer mit einer Flasche Brandtewein/ hinter ihm her / welche einer von seinen Knechten in der Hand brachte; Er tranck einen Trunck/und sahe wie es herumb gieng. Darnach fragte er/ ob wir wolten Felle kauffen wie er sie hätte/welches unser Commissarius versprach/ so es ihnen beliebet / und begehrete sie zu sehen; Da sie nun zu uns bracht wurden worden wir des Handels bald eins/ und bezahleten ihm sein Geld. Wie er alle seine eigene verkaufft hatte / sandte er nach etlichen von den Bürgern die er wuste/ daß sie dergleichen in Vorrath hätten/ und ließ ihnen anmelden daß sie mochten mit uns handeln/er vergünstigte es ihnen; nach welcher Diensterweisung wir für gut ansahen/ daß wir noch eine Flasche mit ihm außzuleeren schuldig und verbunden wären.

Indem unser Commissarius und Factor mit ihrer Handlung beschäfftiget waren/nam ich die Gelegenheit in der Stadt herumb zu spatzieren; Derer Situation ist lustig gnug mitten in einer kleinen Morastigen Ebene/mit sehr hohen Bergen umbgeben/ hart an der Stadt fliesset ein schöner Fluß vorbey/ der überaus reich an Fischen ist. Die Häuser sind nur schlecht gebauet/ niedrig/ von Holtz und Erden/ mit den Balcken oder Stauden zusammen gefüget/Sie ist mit nichts anders gepflastert als mit Holtz/ so gut als es seyn kan an einander gefugt/ und so fäst zusammen liegend/ als sie es machen können.

Die

Die vornehmsten Personen des Orths/ tragen Hosen und Strümpffe/ und einen langen Rock biß auff die Knöchel/ mit sehr engen Ermeln/ alles von Tuch/ aber eine von dieser der ander von anderer Farbe; An ihren Beinen tragen sie lederne Stieffeln/ etliche blau/ etliche roth/ etliche gelbe/ mit eisern Sohlen an der Fersen und Zehen/ nach Arth der Pohlen.

Auff ihrem Haupt tragen sie eine Tuchene Mütze / etliche mit schwartzen Fuchs-balgen/ andere mit weissen Eichhörnern/ etliche mit Hermlin / und einige mit Zobeln besetzet / nach eines jeden Wesen und Stand. Die Weiber waren gar freundlich/ schön und ungeschickt/ ihre Haar gelb-braun/ ihre cufferliche Gestalt sehr gut vor die Muscowiter. Ihre Röcke sind so wohl als ihrer Männer lang biß auff die Knöchel/ meistentheils roth/ Violen-braun/ oder blau/ wie unsre Schlaffmäntel / mit weissen Füchsen oder Zobeln bebrämet. Ihre Ermel sind groß und hangen herab / sind an den Röcken feste gemacht / Die Länge ihrer Zieraths-Ermel ist unglaublich / fünff Ellen klarer Cattunen-Leinwand ist nicht gnug zu einem. Auff ihren Haupt tragen sie ein langliche runde Kappe / ihr Haar ist gewunden/ und am Ende mit Bändern auffgebunden/ welche auff ihre Schultern herab hangen. Ihre Schue sind von einem Reussischen Holz gemacht/ umb ihre Lenden tragen sie einen Gürtel mit Perlen/ die zimlich groß sind.

Die Einwohner in Siberia sind nicht viel unterschieden von den Samojeden/ Borandianern / und andern Nordischen Völckern/ weder in ihren Sitten/ Kleidern/ oder Gewohnheit zu leben.

Alle Muscowiter sind Nicolaiten was die Religion betrifft / Sie sind ernsthafftig/ starck/ geschwind/ geschickt mit ihren Bogen/ gar nicht zänckisch/ ihre Gesetze gründen sich auff lauter Billigkeit. Sie straffen gar scharff die Untreue/ Berriegerey/ Dieberey/ und Mordthaten/ und doch sind sie gantz unwissend/ ungelehrt/ versoffen/ bäuerisch/ und eifersüchtig / in dem Stück müssen ihre Weiber weglauffen / und sich in ihren Kammern verbergen so bald sie einen Frembden ansichtig werden/ allda sie gleichsamb als Gefangene bleiben müssen/ biß sie ihnen ihr Wort und Befehl geben. Kürtzlich/ ihre Sclaverey ist dergestalt beschaffen/ daß sie nicht die geringste Freundschafft oder Höfligkeit einen Frembden erweisen/ noch gedencken dürffen/ daß ihre Männer freundlich sind / wenn sie nicht alle Tage über ihre Beine mit einer guten Peitsche oder Gürtel geschlagen werden.

Das XXXIV. Capitel.

Des Authors Weg-zug von Papinogorod / zu den Schiffen / seine Reise durch Samojesia / nebenst derer Sitten / Gewohnheiten / Kleidung und dergleichen.

Nachdem wir / was wir begehret / eingekauffet / (welches eine grosse Anzahl Wolffs-Felle / weisse und schwartze Füchse / Luchs / Zobeln / Hermlin / und Eichhörner-Felle waren) beluden wir sampt den andern / so wir zu Potzora erhandelt / einen gantzen Schlitten voll damit / und hatten ein ziemlich Gut übrig / und weil wir noch eine gute Partey Taback / und bey 7000. Ducaten übrig hatten / waren unser Commissarius und Factor willens noch mehr davon an Felle zu legen / und deßwegen wurden wir schlüssig nach unserm Schiff durch Samojesia zu reisen / Zu dem Ende kaufften sie von unserm Wirth dem Gouverneur zu Papinogorod so viel Brandtewein und andere Nothdurfft / als wir auff zwölff Tage genug hatten.   Als nun unser Vertrag wegen der erhandelten Provision und Renn-Thiere mit ihm geschlossen / und das Geld dafür bezahlet war / musten wir noch einmahl bey zehen Stunden lang mit ihm tapffer herumb trincken / darauff wir acht Stunden abermahl schlieffen. Und alsdann / da unser Schlitten fertig und unsere Güter und Vorrath zusammen gepacket / und auff einen derselben geladen war / satzten wir uns auch auff / nahmen Abschied von dem Gouverneur, und zogen unsers Weges.

Wir waren bey achtzehen Stunden auff dem Wege / und kaufften (unterwegens) Felle / so weit / als wir zu den Ripheischen Bergen kamen / die wir bey unsern Eingang in Samojesia sechs Stunden lang vorbey fuhren.   Samojesia ist ein wüste Land / voller Wacholder / Fichten und Tannen-Bäume / hat einen Uberfluß an Moß / Schnee / Wolffen / Bähren / Füchsen / so alle weiß / denen wir alle Augenblick begegneten / und die uns nicht geringe Furcht machten.

An dem Grund des Berges / der Stolpohen heisset / von dannen der Fluß Barzagune entspringet / sahen wir acht oder neun Häuser liegen / wir machten uns hinzu / und fütterten unsere Renn-Thiere / Mit deren Einwohner fiengen wir alsbald unser Handel an / und vertauscheten unsern Brandtewein für ihre Wolff- Fuchs- (die weiß und schwartz waren) Biber und Otter-Felle / darneben

eben hatten sie zwo Zimmer Zobeln / die sie aber uns zu überlassen sich nicht unterstehen wolten / wie sehr auch unser Borandinischer Wegweiser sie zu bereden und zu versichern sich bemühete / daß sie sich gantz nicht zu befürchten hätten / daß wir Kauffleute wären / die nach ihrem Schiff / und sonsten an keinen andern Orth hinreiseten / da sie mochten Gefahr haben besucht zu werden / Gleichwohl wolten sie es nicht thun / noch davon hören / biß wir sie truncken machten / alsdann gaben sie dieselben willighlich her / also daß die Dünste des Brandteweins mehr Krafft über sie hätten / als alle Rede-Kunst unsers Borandianers. Weil es Nacht war / verfügten wir uns in eines ihrer Hütten / und lagen groß und klein mit Weibe / Haußwirth / Kinder / Knecht / Viehe und alles unter einander / fünff oder sechs Stunden hernach wachte ich über den Geräusch des Wirths auff / als er sein gantzes Hauß auffweckte / und so bald sie auffgestanden waren / giengen sie alle zur Thüre hinaus.

 Ich war fürwitzig zu sehen / was sie thäten / und wie ich eine Weile sie in acht nahm / sahe ich / daß sie an der andern Seiten des Hauses / auff ihre Knie niederfielen / ihre Hände außstreckten / und allerley Geberden machten die Sonne anzubeten / welche sie für ihren Gott halten.

 Die Samojeden sind dicker und kürtzer als die Lapländer und Borandiner / Ihr Haupt ist grösser / ihr Angesicht breiter / ihre Nase ist grösser und flacher / sie haben kleine oder gar keine Haar / und sind einer dummen und irrdischen complexion. Ihre Manns-Kleider waren ein runde Mütze / krause / als wenn sie von Lambsfellen gemacht wäre / ihre Hosen und lange Röcke von Bährenhaut / welcher ihnen biß auff die Knie gehen / unter dem Bauche sind sie mit einem Gürtel vier Finger breit gebunden / ihre Strümpffe und Schue sind von dergleichen Leder / die Haar oder das Rauche außwerts / unter ihren Schuen tragen sie eine Art Schrittschue von Baum-Rinden gemacht / wie ein Gandel oder Schiflein / welche sie alle unter die Füsse nehmen / und gebrauchen sich derer mit unglaublicher Geschwindigkeit über den Schnee zu fahren / welcher in diesen Gebirgen sehr dicke lieget. An stat des Mantels / haben sie eine schwartze Haut / daran die vier Füsse herab hangen / solche tragen sie mehr auff der lincken Schulter als auff der Rechten / und über demselben tragen sie ihren Köcher.

 Die Weiber in diesem Lande sind unannehmlicher als die Männer; Sie sind sehr Arbeitsam / bemühen sich sehr ihre Kinder jagen zu lehren / davon sie alle zusammen leben / und sonsten von nichts mehr. Ihre Kleidung ist wie der Männer / allein der Rock ist etwas länger / und tragen auch keinen Mantel auff ihren Schultern / das Haupt bedecken sie auff gleiche Weise / Sie haben nur einen

Zopff

Zopff Haar gedrehet/ und an dem Ende mit einem Bande von Baum-Rinden gemacht/ zusammen gebunden/ welches ihnen auff den Rücken herab hänget; Sie gehen mit ihren Bogen und Pfeilen auff die Jagd/ wie ihre Männer/ und sind eben so geschickt darzu als dieselben.

Das XXXV. Capitel.

Des Authors Abreise von Boranday nach Nova Zembla/ da er einen Hauffen derselben sahe die Sonne anbeten/ und zween andere/ die vor einen Götzen/ genandt Tetizot/ ihren Gottesdienst verrichteten.

Als wir durch Samojesia gereiset/ und wieder ins Land Boranday zu unserm Schiff/ welches unser mit Verlangen erwartet/ gekommen/ giengen wir an den Boord/ so bald wir konten/ und nach zwo Stunden richteten wir unsere Segel nach Nova Zembla. Innerhalb zwantzig Stunden kamen wir an einen Orth/ da wir bey dreissig Personen mit ihren Köcher auff den Rücken auff den Knien am Strande die Sonne anbeten sahen. Unser Schiffer und Commissarii hielten Rath/ zu überlegen/ auff was Weise wir an dieses Volck kommen möchten/ die wir verspüreten wilder und unbändiger zu seyn als alle andere/ die wir annoch angetroffen hatten. Der Schluß war/ daß wir drey von unsern Schlupen außsetzten/ mit zehen Mann in einer jedweden/ wol bewehrt/ im fall sie sich würden widersetzen/ darunter ich auch einer mit commandiret war/ Wir fuhren langs an dem Strande hin/ biß wir eine halbe viertheil Meile von ihnen kamen/ da die Einwohner/ die bißher auff den Knien gelegen/ sich mit grossen Geschrey auff ihre Füsse machten/ und nachdem sie alle ihre Pfeile auff uns abgeschossen/ flohen sie davon wie ein gejagt Wild. Sie schossen aber so ferne von uns/ daß sie uns nicht den geringsten Schaden zufügeten.

Als wir nun/ wir wir kunten/ ans Land kamen/ machten wir uns eiligst zu dem Orth/ dahin sie unser Meynung nach/ gelauffen waren/ des Vorhabens/ wo müglich/ einige von ihnen zuergreiffen/ wir erlangeten aber unsern Zweck nicht/ weil sie uns aus dem Gesicht kommen/ und wir nicht erachten konten/ welchen Weg sie genommen/ wir giengen zwar nach die Bergen/ funden sie aber mit
Schnee

Schnee bedecket/und als wir darüber kommen/giengen wir auff der Ebene fort/ und sahen auff dem Strumpff eines neulich abgehauenen Baums unterschiedliche Manns-Bildnusse/so gar gröblich außgeschnitzet waren/und vor derselben einem fast eine Meile von uns/ zween von diesen wilden Leuten auff ihren Knien/ und neben ihnen ihre Bogen und Pfeile liegen/welche ihre Andacht verrichteten. So bald sie uns gewahr wurden/stunden sie mit Schrecken auff/nahmen ihr Gewehr auff/ und lieffen in solcher Eil und Schrecken darvon/ als diejenigen gethan/so wir am Strand über Anbetung der Sonnen überfielen.

Wir machten uns so geschwind hinter ihnen her/als wir kunten/ ob es müglich wäre sie zu ergreiffen/ sie waren aber so behende/und entkamen in einen Tannen Wald/ehe wir sie erreicheten. Als wir wieder in unser Schiff gekehret/ sahen wir abermahl weit davon zween bey ihren Götzen-Dienst/die noch ein dergleichen ander Bild anbeteten / welches die Einwohner Tetizot nennen/ deren der Teuffel führet / und seine Oracula oder Außsprüche hervor giebt / wie uns unser Schiffer erzehlete.

Das XXXVI. Capitel.
Von der Kranckheit des Scharbocks / mit welcher der Author und die meisten Dänen auff ihrer Reise angegriffen worden.

JCh war nicht über sieben oder acht Stunden im Schiff gewesen/ da ward ich von einem gewaltigen Brustwehe und Zuneigung zum Erbrechen überfallen/ folgends bekam ich ein Geschwür im Halse / welches mir das Schlingen verhinderte / Ich hatte ein groß Geschwulst in den Mandeln/ nebenst einer Auffwallung des Geblüths/und ein scharff Jucken über meinen Leib/ das Zahnfleisch war entzündet und blutete sehr/ und die Zähne so loß / daß ich gedachte sie würden mir alle Augenblick außfallen/und kunte nichts hartes essen. Mein Leib ward sehr schwach und Fieberhafftig / der Athem kurz und gar übel riechend nebenst einer grossen Trockene/dafür ich offters Oxicratum genoß. Fünff Stunden hernach als ich meine behaltende Schwachheit erfand/ und in betrachtung/ daß dieselbe zum Theil von einer grossen Kälte / die ich auff mich hatte / und vom Essen gesalzener Kost herkäme/ welche die Speichel-Drüßlein angegriffen und dermassen angesteckt/daß die Flüsse auch die andern humores einnahmen; Entschloß ich mich an statt des Oxicrati, Brandtewein mit frischen Wasser vermischt zu trincken/ machte also einen Syrup daraus/ davon ich jedwede Stunde einen Löffel voll einnahm/ und gurgelte mich offtermahls mit Brandtewein/ bißweilen mit Wein-Essig/ das Zahnfleisch zuerfrischen/ und rieb die Zähne mit Rosen-Honig. Die meisten auff unsern Schiffe/ so auch eben diese Kranckheit überfiel/ gebrauchten dieselbigen Mittel/ welche uns allen so wohl bekam/ daß keiner übel damit fuhr.

Die auff den andern Schiffen waren auch nicht davon befreyet/ Sie bekamen eben diese Kranckheit als wir/ also daß die Wund-Artzte auff allen ihren Schiffen sie zu curiren gedrungen wurden: Die Weise/ die sie zu curiren gebrauchten/ geschach durch Aderlassen/ das machte sie aber vielmehr schlimmer als besser/ also daß in einem Schiffe zween Schiffleute stürben/ in dem andern drey/ und ein Factor, und diese alle innerhalb sechs Tagen/ und wären denen sonder Zweiffel mehr gefolget/ hätten sie nicht meinen Rath gehorchet/ welcher war/ daß sie ihr Aderlassen und Purgiren (welches in dieser Schwachheit schädlich ist) nachliessen/ und sich meiner Mittel gebrauchten. Ich erinnere mich / daß im Jahr 1670. in dem Winter/ die gewaltsame Kälte vielem Volck in Pariß eben diese Kranckheit veruhrsachte/ Die Medici hielten es für ein Geschlecht der Peß/ und da sie durch Aderlassen und Purgiren ihre Patienten gesund zu machen vermeyneten/ schickten sie viel derselben ins Grab.

Als ich in Algier war/ ward viel Volcks vom Schörbock angefallen/ welche nun damit angestecket waren/ derer Mandeln geschwollen dermassen/ als wenn sie ein Stücke Fleisch im Mund hatten/ und alle vorerwehnte Zufälle entstehen/ wie ich zuvor gedacht/ aus einem scharffen Fluß/ der die übrigen humores anstecket/ sonderlich das Geblüth/ gleicher weise als in den Frantzosen geschicht/ da ist eine Arth derselben diesen gar gleich. Unter den Indianern haben sie denselben Nahmen/ und werden Pians genennet. Aus dieser Uhrsache ergriff ich eben denselben Weg/ den Schörbock zu curiren, als sie thun in den Frantzosen/ allermassen zu sehen ist in meiner Historie von dem Zustand des Königreichs Algier, Couque, Titican, etc. wie auch in meinen Tractätlein Von den Frantzosen.

Das

Das XXXVII. Capitel.

Unsere Fischerey der See-Pferde oder Meer-Roß/ nebst einer Erzehlung/ wie zween unserer Schiff-Leute durch die Bewegung des einen Schwantzes ertruncken.

Nachdem wir funffzehen oder sechszehen Tage auff der Kust bey Zembla/ wegen unser Kranckheit/ vor Ancker gelegen/ wurden sie alle wieder gesund/ außgenommen etliche wenig/ das Wetter begunte schön zu werden/ unser Schiffer ward sinnes die Ancker zu lichten/ und nach Woygat auff die Meer-Pferds-Fischerey zu gehen/ diesem nach giengen wir bey drey Meilen in die See/ und fuhren in solcher Weite von dem Lande auff und ab/ und sandten unsere Schlupen aus mit ihren Harpunen und Beilen/ und acht Mann in jedweden/ zu sehen/ ob sie etwas fangen konten.

Es verlieffen drey Tage/ daß wir nicht das geringste gewahr wurden/ endlich sahen wir zween grosse Fische (einen unter ihnen mit einem Horn einer mercklichen Länge) welchen unsere Fischer/ zu fangen sich fertig hielten/ und als sie einen Steinwurff weit hingangen/ warffen sie ihre Harpunen oder Angel aus/ einen auff der einen/ den andern auff der andern Seite/ die an einem langen Strick oder Seil zu dem Ende feste gemacht waren/ und alsdann kamen sie in aller Eil wieder zu unserm Schiffe.

Als sie an den Bord des Schiffs kommen/ und verspüreten/ daß der Fisch über dem Wasser schwamme/ (welches ein Zeichen ist/ daß er getroffen sey) zogen sie ihn allgemach nach dem Schiffe zu/ welches er ohne Wiederstand litte/ weil ihm das verlohrne Blut schwach gemacht/ und dann fielen wir mit unsern Axten auff ihn loß und hieben ihn den Kopff ab/ welchen wir verwahreten/ den übrigen Leib aber liessen wir in die See treiben/ als der weder zur Speise/ noch zum Thran dienete. Die Fischung der Meer-Pferde geschicht nur wegen seiner Zähne/ welche eben wie Helffbein zu allen hübschen Sachen zugebrauchen sind/ sie werden aber viel theurer verkaufft wegen ihrer Weisse/ welche weit besser/ und wehret länger/ ehe es roth wird.

Das Horn dieses Meer-Pferds war gantzer zehen Fuß lang/ sehr schwer/ gewunden wie eine Schnecke/ und so dicke/ als der dickste Arm eines Mannes/ zugespitzet

gespitzet von dem Haupt an biß an die Spitze / welche so scharff war als eine Nadel.

Eine von unsern Schlupen / so dem andern Fisch zu nahe kam / ehe sie ihre Eisen oder Harpunen außwurffen / wie er sich verstrickt befunden / gab mit seinem Schwantz ein solch geschwinder Schlag/ daß es das Boot traff und stürtzet es über und über/ und ehe ihre Gesellen sie kunten erretten/ waren ihrer zween ertruncken/ welches uns sehr betrübte / gleichwohl war der Fisch gefangen/und der Kopff abgelöset/wie bey dem andern/den wir vorher bekommen / Ich gieng drey oder vier Stunden hernach hin/ihn zusehen/ befand aber daß er kein Horn hatte / jedoch ward solcher Mangel mit dessen gar wohl Zahnen ersetzet / welche viel schöner als die ander zween waren.

Wir waren vier Tage und Nacht auff und nieder gefahren / nachdem wir diese zween bekommen/ ehe wir einen andern antraffen; Und gleich als wir wolten nach einen andern Orth gehen / wurden wir noch dergleichen viere gewahr/ dem ansehen nach weit grösser/als die wir bekommen hatten. Darauff wir unser Segel nieder- und unsere Schlupen herab liessen sampt unsern Harpunierern / und so viel Volck als zu diesem Vorhaben nötig war/ in kurtzer Zeit hatten sie derer drey von den vieren gefangen ; der ander entwischete. Den unsere Fischer an Bord brachte/hatte kein Horn/wie auch die andern zween nicht. Zehen oder zwölff Stunden hernach/sahen wir abermahl fünffe/wir setzten unser Volck aus mit ihren Eisen/Harpunen oder Angel und Beilen/und was sonsten zu diesem Handel nötig war/ zu versuchen was sie in den Schlupen thun könten / sonderlich bey den einem unter ihnen / den wir gesehen/ daß er ein Horn hatte / aber ungeachtet allen angewandten Fleiß/ konten wir nur zween bekommen / drey von ihnen giengen durch. Etwan drey Stunden hernach / wurden wir abermahl ihrer Drey gewahr / davon unsere Bedienten einen fiengen/ dessen Kopf so groß war/ daß ein jedweder Zahn desselben bey nahe dreissig Pfund wug.

Zween Tage darnach ersahen wir ihrer sieben oder achte / und einen mit einem Horn/ wir setzten alsbald alle unsere Schlupen aus/und waren in unsern Fang so glücklich/daß wir fünffe derselben bekamen/darunter der mit dem Horn einer war/ er ward ins Schiff gebracht / aber sein Horn war weder so schwer noch so dicke/noch so lang als das ander.

Nachdem wir nun fünff Tage allda stille gelegen / und weiter nichts vermerckten/und gleich ein N. N. Wind entstunde/ nahmen wir dieser gelegenheit gewahr/und setzten alle unsere Segel bey/ nach Voygat zu gehen/ in Hoffnung vermittelst diesen guten Windes/wo müglich dahin zu kommen. Aber/ wie wir

etwa

etwa fünff und zwantzig Meilen in die See gangen/ durfften wir uns nicht weiter wagen wegen der grossen Eiß-Berge/ welche die Fahrt in die Tartarische See verstopffeten/ in welcher/ so durch diese Fahrt ein Eingang kunte gefunden werden/ würde solches die Reise in Ost-Indien drey biß vier Theil verkürtzen/ welches der Name Boygat mit sich bringet/ der in ihrer Sprache einen kurtzen Abschnitt bedeutet.

Das XXXVIII. Capitel.

Die Verwegenheit der Bähren auff dem Gebirge bey Boygat/ wie die Dänen viel Vogel fangen/ die sie Pingoins heissen.

Wir hatten nicht fünff oder sechs Stunden vor Ancker gelegen/ in dem einer von unsern Schiffleuten/ wegen seiner nothwendigen Angelegenheit am Lande war/ da kam ein grosser Bähr hinter ihm her / und tatzete ihn mit seinem Fuß an/ und streiffte ihn rein über / hätte ihn auch sonder zweiffel auffgefressen/ wären wir nicht solches ohngefehr inne worden/ und vom Boord auff ihn geschossen/ ihn auff der Stelle getödtet/ und den armen Schiffman von der grössesten Furcht/ so er in seinem Leben jemahls gehabt/ errettet. Nicht lange darnach kamen an eines von unsern Schiffen zween Bähren / und versuchten daran zu kommen/ wir hieben den einen die Tatzen mit dem Beil ab / als er auff der Seiten heran kletterte/ und den andern schossen wir todt. Da wir nun alle erschrocken waren/ und über der Hinrichtung dieser zween zu schaffen hatten/ fing ein Schiffmann hinter uns an zu schreyen als wenn er toll wäre / und nicht ohn Ursache/ denn drey andere kamen auff unser Schiff zugeschwummen/ davon der eine herauff stieg und kam auff das Schiff/ indem er aber unsere Ruder/ Stier-Stangen/ und andere Werckzeuge/ so in Bereitschafft lagen/ reissend ansiel/ sauseten wir ihn dermassen fein seinen Kopff/ daß wir ihn geschwind schlaffen legten/ und die andern tödteten wir mit unsern Feuer-Röhren. Wir meyneten nun/ wir weren ausser Gefahr/ und solten nicht mehr von ihnen beunruhiget werden/ aber wir rechneten ohne den Wirth: Denn vier oder fünff Stunden hernach wurden wir von acht oder zehen abermahl in das Gewehr gejaget/ die kamen auff dem Eise herzu / und wenn dasselbe ermangelte / sprungen sie in die See und schwummen nach unserm Schiff zu/ welches machte/ daß wir in Gewehr stehen musten/

J iij

muſten/und wenn wir ſie ſo weit von uns ſahen/daß wir ſie erreichen kunten/ gaben wir dermaſſen auff ſie Feuer/daß ſchwerlich einer davon kam.

Dieſe Thiere/ ſo von den Bergen herab in ſo groſſer Menge kamen/ gleich als wenn ſie auff unſere Gegenwart/ als auff einen Anfall/ ihr Abſehen gerichtet/ und zuſammen kamen uns zurücke zu treiben / machten uns einige Furcht/ und waren zum Theil Urſache daß wir unſere Ancker lichteten / und wieder hingiengen / von wannen wir waren herkommen.

Da wir über zwölff Stunden geſegelt hatten/uns aus dieſem Meer-Enge vermittelſt eines guten Oſt-Windes heraus zu bringen / jedoch mit groſſer Schwierigkeit wegen des Eiſes/ kamen wir bey einer luſtigen Inſul vor Ancker zu liegen/welche gantz lieblich grün war / wegen des grünen Moſſes / Tannen- und Wacholder-Bäume. Etliche von unſern Schiffleuten giengen ans Land/ und ſahen eine Art Vögel/ die wegen ihrer Fettigkeit kaum fliegen konten/und erzehleten uns ſolches bey ihrer Wiederkunfft/ Ich ward neben ander viertzig Perſonen aus allen unſern Schiffen auscommandiret/ zu ſehen/ ob wir nicht etliche davon fangen könten/ und warlich in nicht gar langer Zeit/ brachten wir theils durch unſere Feuer-Röhre/ theils durch unſere Stöcke oder Prügel bey ſechszig mit uns/als wir wieder ins Schiff kamen.

Dieſe Vögel/ die unſers Schiffers Ausſage nach/ Pingoins hieſſen/ ſind nicht höher als die Schwäne/ aber viel dicker/ ſie ſind ſo weiß als dieſelben/ ihr Hals ſo lang als wie der Gänſe/ihr Kopff gröſſer/ mit einem rothen glänzenden Auge als ein Schilling breit/ der Schnabel iſt gelbe und ſcharff/ die Füſſe breit und ungeſpalten/ wie an einer Ganß. Sie haben eine Art eines Beutels bey einen Fuß lang/ welcher unter ihren Schnabel anfänget/ und gehet langs dem Halß biß vornen an die Bruſt/ da er ſo breit wird/ daß ein gantze Flaſche oder Potelle hinein gehen konte ; In dieſem legen ſie/ wenn ihr Leib voll iſt/ ihr Futter/ daß ſie es bereit haben/ wenn ihr Magen es begehret.

Ehe wir ſie genieſſen kunten / muſten wir ihnen zuvor die Haut abziehen/ als die überaus hart iſt/ und davon die Federn gar ſchwerlich ausgerupffet werden können; Das Fleiſch iſt gut/ hat eben einen Schmack/ als eine wilde Endte/ ſehr fett/ wir machten uns recht luſtig darmit.

Das

Das XXXIV. Capitel.

Von einem Zemblianer/ welchen wir bald gefangen; Von einem andern nebenst seinem Weibe/die wir in ihren Schifflein oder Canoe bekamen/ sampt der Arth wie dieselben gebauet sind.

Nachdem wir zween Tage und Nacht bey dieser Insul/da wir die Pingoins gefangen/ vor Ancker gelegen / und der Wind O. S. O. uns fugete/ lichten wir die Ancker / und wenderten uns nach N. N. W. und ein weile darnach (als wir uns aus der Meer-Enge herauß gebracht) und der Wind sich änderte/ musten wir mit demselben auch anders Sinnes werden/ und richteten unsern Weg auff die Kuste O. N. O. gegen die Höhe des Vorgebirges da wir innerhalb dreyssig Stunden nahe bey dem Ort kamen / da wir die Zemblianer sahen die Sonne anbeten.

Ihre Königl: Mayest: von Dennemarck hatte unsern Schiffern und Commissarien Befehl ertheilet / daß so sie einige Leute in Zembla anträffen/ sie sich bemühen solten/ etliche derselben zu bekommen daß sie von ihnen erfahren möchten/ was in dieser Landschafft zu thun seyn möge. Wir kamen an dem Ort vor Ancker zu liegen/ und sandten unsere Schlupen aus selbiges zu erkundigen/ zu dem Ende wurden dreyssig Mann in vier Schlupen ans Land gesetzet/ und in dero einen ich zugleich mit ihnen.

Wir waren kaum aus unserm Schiff ausgestiegen/ da ersahen wir ohngefehr einer halben Meile weit vom Lande einen Zemblianer in einer Canoe oder Schifflein/ welcher/ wie er gewahr ward/ daß wir auff ihn zugiengen / ruderte er mit aller Krafft und Macht fort/ daß er uns entgienge / und als er das Land erreichet/ nahm er seine Canoe oder Schifflein auff die Schultern/ legte seine Bogen und Pfeile hinein/ nahm seinen Wurff-Pfeil in die ander Hand/ lieff hinweg/ und trug (gleich wie jener Philosophus) sein gantzes Vermögen auff seinem Rücken mit ihm darvon. Wir begaben uns/ so bald müglich/ an das Land/und folgeten auff der Spur nach zu einen kleinen Hügel/ da wir ihn hinauff klettern sahen/ weil er aber geschwinder war / als wir/ konten wir ihn unmüglich erreichen; Wir kehreten wider nach unsern Schlupen/ so flug als wir

dar-

daraus gangen; Wie wir aber nach unſern Schiff zuruderten/ſahen wir zween Zemblaner/ die einen guten Weg in der See waren/ welche gleichermaſſen nach den Klippen und Vorgebirgen zuruderten ſich vor uns zu verbergen/ſobald ſie uns inne wurden; So bald wir ſie aber gewahr wurden/ machten wir uns in aller Eil hinter ſie her/ und ob ſie gleich alle Gewalt und Kunſt gebrauchten nach einen Felſen zu kommen/ſo erreichten wir ſie doch/ehe ſie dahin gelangeten/ und da wir ſie bekommen/ machten ſie ſo ein erſchrecklich und greßlich Geheul/ dergleichen ich die Zeit meines Lebens nicht gehöret. Wir brachten ſie an unſer Schiff/ und zogen ſie ſampt ihrer Canoe auff Schiff-Seilen hinauff/ welche war gemacht auff die Art wie ein Gondel/ fünffzehen oder ſechzehen Fuß lang/ und zween und einen halben Fuß breit/ von Fiſch-Rippen ſehr künſtlich gebauet/ auſſerhalb mit Fiſch-Haut zuſammen genehet/ welches die gantze Canoe von einem Ende zu den andern nicht ungleich einen Beutel machte/darinnen die beyde Zemblaner bis an die Mitten des Leibes eingeſchloſſen waren/ ſolchergeſtalt/ daß nicht ein Tropffen Waſſer zu ihnen hinein kommen kunte/und ſie mochten ſich in den gröſten Sturm begeben ohne alle Gefahr zu beſorgen. Wir vernahmen/ daß ſie Mann und Weib weren; und erzeigeten ihnen alle Freundligkeit und Zeichen der Freundſchafft/die wir erdencken kunten/ ſie zu bewegen/ daß ſie uns ihre Wohnungen zeigen möchten/ aber es wolte bey ihnen alles nichts verfangen. Nahmen derowegen vor Rath auff zehn oder zwölff Tage/ begaben uns bey dreyſſig an das Land/ wohl bewehret/und in zween Hauffen vertheilet/ giengen bey hundert Schritte weit von einander/ endlich begaben wir uns unter die Stein-Klippen/verbargen uns in die Hölen/ ſtelleten Schildwachen auff die Bäume/ zu entdecken/ ob nicht einige Wilden zu ſehen/ daß wir etliche von ihnen bekommen/ und von denſelben in ihre Häuſer geführet werden möchten.

Das XL. Capitel.

Wie ſie noch einen andern Zemblaner ſampt ſeinem Weibe bekommen/ ihre Kleidung/ Gewehr/ und Art zu leben.

Es verlieffen nicht viel weniger als acht und vierzig Stunden/daß wir alſo auff der Wache wahren/ da unſere Schildwachen anzeigeten/ daß ſie

zween

zween Zemblaner ansichtig wurden/ welche von einen kleinen Hügel herab kamen nach der See zu; Wir machten alsbald die Anstalt so vortheilhafftig/ als wir kunten; Unserer sechse blieben in der Höle da wir waren/ fünff und ich giengen weiter fort in eine andere/ innerhalb einer halben viertel Stunde kamen sie zwischen unsern Hinterhalt/ daß sie nicht das geringste von uns vermerckten. Einer von unserer Parthey gab das Zeichen mit Loßschiessung eines Feuer-Rohrs/ so wohl die andern ins Gewehr zu bringen/ als die Zemblaner stutzig zu machen/ und daß sie sich möchten darnach ümbsehen; Der Anschlag gieng von statten/ wie wir begehrten/ und weil sie in Erschrecken waren/ lieffen beyde Partheyen aus ihrem Hinterhalt/ und umbgaben sie dermassen/ daß sie uns nicht entwischen konten/ und bekamen sie also in unsere Gewalt. Ihre Kleider waren von obgemeldten Vögel-(Pingoins) Häuten sampt den Federn darauff/ sie bestund aus gar engen Hosen/ die nicht weiter hinunter als biß an die Knie giengen/ einem Rock von eben selbigen Zeuge/ die Ermel giengen nicht weiter als biß an die Ellbogen/ das übrige von den Armen war nackend. Ihr Rock war mit einer Nath zusammen genehet/ vornen und hinten wie ein Schwantz/ Ihre Mützen auff ihrem Haupte waren wie ein Zucker-Brodt/ oder Hut-Zucker/ ihre Stieffeln waren von See-Kalb-Leder/ von roth-brauner Farbe/ die Haar auswendig gekehret/ ob sie schon einerley gekleidet waren/ konten wir doch unterscheiden/ daß einer ein Mann die ander eine Frau were; Der Mann war ohngefehr zwantzig Jahr alt/ breit von Gesicht/ wie die so wir vorher bekommen hatten/ schwartz-braun/ seine Nase dicke und eingebogen/ die Augen klein und sich nach den Schläfen ziehend/ ohne Barth oder Haar. Sein Köcher war voller Pfeile auff seinen Rücken hangend/ sampt einem Beil von Fisch-Beinen gemacht/ welches er mit der einem Hand auff seiner Achsel führete/ und seinen Wurff-Pfeil in der andern.

Die Frau war gleichsfals ohngefehr zwantzig Jahr alt/ ihre Haar waren in zween Zöpffen gewunden/ auff die Schulter herab hiengen/ sie hatte blaue Striche langs ihren Kinn/ und drey oder vier auff ihrer Stirn/ an ihren Ohren und unter der Nasen waren Löcher gemacht/ darin hiengen blaue Steine an kleinen von subtilen Fisch-Beinen gemachten Ringen/ die in den Ohren waren so dicke als Haselnüsse/ die in der Nase aber wie Erbsen/ und diese ihre Kleinodien zubewahren/ führete sie einen Wurff-Pfeil in ihrer Hand.

Wir wendeten alle Kunst an/ die wir kunten/ sie dahin zu vermögen/ daß sie uns ihre Wohnungen zeigeten/ aber sie woltens keines weges thun/ und musten sie also mit in unser Schiff nehmen/ allda wir sie zu den andern zween/ die

K wir

wir in der Canoe bekommen hatten/ brachten; Wir konten spüren/ daß sie einander alsbald erkenneten/ ob schon ihre Kleidung unterschiedlich waren/ die/ so wir erst bekamen/waren nicht in Federn gekleidet/sondern in See-Kalbs-Fellen/ die Haar auswerts gekehret/ihre Ober-Röcke waren von zwo Häuten gemacht/ zusammen genehet/mit ihren Schwäntzen/welche herab hiengen einer vornen der ander hinten/ biß auff die Hüfften.   Ihre Hosen waren sehr enge/ der Älteste war ohngefehr funffzig Jahr alt/ mit einen rundten Castanien-braunen Bard/ hatte aber keine Haar auff dem Haupte; Seine Frau war bey dreyssig Jahren/ ihre Ohren und Nase durchlöchert (wie andere ihres gleichen Standes-Personen) und mit blauen Steinen behenget/ ihre Haar waren in zween Zöpffe geflochten/ die über ihre Schulter herab hiengen/ gezieret mit blauen Streiffen über ihr Kinn und Stirn/ kurtz/ da war kein Unterscheid unter ihnen/ eine war so reich und so ungestalt als die ander/ beyde klein/ dicke/ gleich wie die Samojeden/ Lapländer/ Borandianer und Siberianer/ ihre Stimme war scharff und hell/ihr Othem stanck abscheulich/welches wir ihrer Ordnung im Essen zuschrieben/ als die ihre Speise ohne Saltz geniessen/ etliche tuncken ihre Fische in Fett oder Thran/ von einem andern Fisch.   Ihr Tranck ist anders nicht als Wasser/ wir kunten sie niemahls bewegen/daß sie ein Stück Brodt angerühret/ oder von unsern gesaltzenen Fleisch oder gesaltzenen Fisch einen Bissen genommen/ oder einen Trunck Bier gethan hätten/ wir gaben ihnen ein wenig Brandtewein zu verfuchen/aber vor dem Rauch des Tabacks hatten sie einen Abscheu.

Alle ihre Arbeit war mit Zwirn von Fischhaut gemacht/ ihre Nadeln/ damit sie neheten/von den kleinen Fischgraten; Das eusserste oder die Spitze in ihren Wurffpfeilen/und in gemein alle ihre Werckzeuge von den grössern Beinen oder Graten.

Das Holtz an ihren Wurffpfeilen und Bogen war sehr schwer/rothbraun/ ihre Pfeile aber viel leichter von weissen Holtz/ damit sie sehr geschickt und fertig schossen.   Die Frauens vollkommen zu machen/giengen sie allebeyde wackelhaffte wie die Endten.

Das XLI. Capitel.

Wie wir von Zembla weg-und wieder heim-kehreten; Unser Ankunfft in Grönland der Wallfisch-Fang/ und die Art und Weise Trahn daraus zu machen.

Weil

Weil das Jahr guten Theils dahin war/ und der letzte Monats-Tag Augusti bereits kommen/ die Tage kürtzer zu werden begunten/ und wir schon eine halbe Stunde Nacht hatten/ die Kälte auch uns härter angriff/ ward fürs beste gehalten/ weil wir einen schönen N.N.O. hatten/ die Ancker zu lichten/ und gegen S.W. uns zu richten/ Wir hatten nicht viel Stunden gesegelt/ da ward Wind S.S.O. welcher uns zu unsern vorigen Norden-Lauff nötigte/ ein Land zu gewinnen/ das wir kanten/ welches wir auch thäten/ und segelten bey diesen guten Wind biß an Grönland/ dahin wir mit einem W.S.W. getrieben wurden/ allda musten wir wieder unsere Ancker außwerffen bey einer grossen Anzahl Frantzösischer und Holländischer Schiffe/ welche nahe bey dem Strande auff dem Wall-Fisch-Fange lagen/ welche Fischerey mit Fischung der Meer-Pferde viel verwandschafft hat. Wenn sie denselben mit ihren Eisen oder Harpunen getroffen/ ziehen sie ihn gemählich an dem Strande/ und wenn er todt ist/ hauen sie ihn gantz in Stücken/ vor die Fässer/ welche sie in grossen Kesseln/ den Thran daraus zu ziehen/ schmeltzen in gewisse Hütten/ so die Schiffer zu dem Ende nicht weit vom Lande auffgebauet haben.

Das fügete sich vor unsere Zemblaner sehr glücklich/ derer Magen meist ledig war wegen Mangel des Oels oder Fettes/ davon sie schon zween gantzer Tage nichts gehabt ihren Fisch hinein zu tuncken/ weil dessen fast nichts mehr im Schiffe war/ und wir ihren bescheidenen Theil Thran/ den wir ihnen mit dem Fisch zu essen gaben/ abbrechen musten.

Ich sahe zu/ wie sie einen ihrer Wallfische zu rechte machten/ und stund darbey biß sie es verrichtet/ Sie zogen ihnen bey drey hundert und funfftzig Pfund Fischbein aus/ welches sie vor die Schneider auffheben/ die Wämbser und Leibstücke des Frauenzimmers damit steiff zu machen.

Das XLII. Capitel.

Des Authors Weg-zug von Grönland/ welcher drey Sonnen in der See gesehen; Die Schiffe werden von einem gewaltsamen Ungewitter auff die Jßländische Kusten getrieben.

Als wir zween Tage auff der Kuste von Grönland uns auffgehalten/ lichteten wir die Ancker und verfolgeten unsere Reise/ hielten die See halbwerts über und richteten uns nach W. S. W. / die ersten Tage war der Wind allzeit gut/ und blieb also biß den Fünfften gegen Morgen/ zu welcher Zeit er sich wendete und lieff contrar nach O. S. O. / Wir sahen damahls an den Himmel drey Sonnen/eine über der andern / so hell und klar / daß wir nicht unterscheiden konten /welches die rechte war/ Und abermahl gegen Süden befunden wir / daß die Lufft begunte dicke und dunckeler zu werden / darauff der Pilot unserm Schiffer sagte/ daß wir einen gefährlichen Sturm zu besorgen; In dessen betrachtung liessen wir meistentheils unsere Segel nieder/ und gaben unsern Gesellen mit einem Feuer-Rohr ein Zeichen / daß sie dergleichen thun solten / fiengen darauff an zu beten/und erwarteten in Demuth/ was GOtt gefallen würde.

Nach weniger Stunden Verlauff wurden wir mit einen harten O.S.Ost überfallen / nebenst einen gewaltigen Regen mit solchen bedrohlichen und erschrecklichen Donner-Schlägen/daß wir vermeineten der Welt Ende wäre verhanden. An der andern Seiten erhub sich die See und stürmete über alle massen/ also daß wir kein Segel als nur den Meisan gebrauchen konten / unsere Segelstange war sehr niedrig/ und zween Schiffleute musten unsere zwo lange Boote an den Bord an Schiffseile/ so zu dem ende daran feste gemacht / anhalten; und in Warheit wir hatten grosse Mühe unser Schiff zu regieren.

Als wir dergestalt den gantzen Tag und Nacht ohn einige Legung des Windes wohl geplaget worden / befahl unser Schiffer einen Bootsmann auff den Mast zu steigen und umbher zu sehen / ob er nicht Land sehen möchte / damit wir wissen könten/wo wir wären. Wie nun unser Bootsman etliche Zeit sich umbgesehen/schrie er uns zu/daß er ein grosses Feuer gegen W. N. W. gewahr würde / daraus unser Schiffer die Rechnung machte / es müste Hecla. ein Berg in Jßland seyn/und ob wir wohl allda nichts zuthun hatten/der Wind aber uns zuwieder zu seyn fortfuhr/der Sturm auff unser Schiff zuschlug und den Gebrauch unserer Segel verhinderte/wurden wir doch schliessig uns dahin zu begeben/ und zu sehen/ob wir allda einigen Schutz oder Sicherheit antreffen möchten. Diesem nach richteten wir unsern Lauff dahin ; Wir langeten auff der Kuste in wenig Stunden an; Die gantze Nacht über da wir unter dem Gebirge lagen/ höreten wir ein greuliches und seltzam Geheul / gleich als wenn grosse Feuer-Röhre loßgeschossen würden/ wir sahen groß Feuer und Flammen/ so daraus in grosser Menge auffstiegen.

Wir befunden eine grosse Menge Klippen an dem Lande/und die Grausamkeit der See machte daß wir uns furchten hinan zu kommen. Gleichwol kamen wir durch unsers Piloten Verstand und Fleiß vor Ancker/ unter dem Vorgebirge

birge Hori ohn alle Ungelegenheit: Ein Schiff von unser Compagnie/ dessen Pilot nicht so gar geschickt und erfahren war als unser/ lieff nicht gar weit von uns mit seinem Schiff-Schnabel wider eine Klippen/ brach ein Stück davon ab/und war das Schiff nicht in geringer Gefahr daß es in Stücken zergehen solte/ daß dritte kam wohl an/ und hatte eben so wenig Anstoß als wir.

Das XLIII. Capitel.

Der Author steiget ans Land/ seine Ankunfft zu Kirkebar; seine Reise zu den Berg Hecla/ die Gefahr/ darein er allda fiel/ Die wunderbahren Wirckungen zweyer Brunnen/ welche auff dem Hügel entspringen/ und andere sonderliche Dinge mehr.

Als ich mit unserm Schiffer/ Commissarien und andern/ bey funffzehen Personen/ (theils auf unserm/ theils auf den andern Schiffen) ans Land gesetzet/kamen wir nach Hori/ (welches eine Stadt ist bey anderhalb Meil von der See gelegen) und von dannen nach Kirkebar/ (so ein kleine Stadt oder Flecken ist in Jßland.) Wir funden in Kirkebar einen Commissarium und sieben oder acht Dänische Kaufleute/ welche sich sehr verwunderten uns allda zu sehen. Sie berichteten uns/ wie daß sie sehr erfreuet weren uns zu sehen/und daß sie des Tages zuvor ein solch Erdbeben gehabt/ daß sie vermeynet gantz Jßland würde in die See sincken. Sie tractirten uns mit guten Wein/ gutem Brodt und mit guten frischen Speisen. Sie haben einen grossen Uberfluß an Viehe in Jßland/ welches sie wegen der süssen und angenehmen Weide (derer es einen Uberfluß hat) mit gewisser Maaß futtern müssen/damit sie sonsten nicht von einander bärsten/welches gewiß geschehen würde/ so sie dieselben so viel essen liessen/ als sie wolten/ und als sie in andern Landschafften thun.

Unser Schiffer/ Commissarius, und etliche andere begehrten sich weiter umbzusehen/ und gaben solches dem Commissario zu Kirkebar zu verstehen/ dieser ließ alsobald Pferde vor sie herbey bringen. Ich sagte ihm/ daß ich wohl Lust hette ihnen Gesellschafft zu leisten/ deswegen sie mich auch in ihre Zahl mit auffnahmen. Unser achte nahmen Pferde/ und liessen die übrigen/ so nicht so begierig auff etwas neues waren/ zurücke/ und begaben uns auff den Weg in

K iij   Ge-

Geſellſchafft zweyer des Commiſſarii zu Kirkebar Knechte/ und zweyer Jßländer/ die uns zu Wegweiſern mit gegeben wurden / ſampt einem Pferde mit Lebens Mitteln beladen. Wir reiſeten zween Tage mit einander über Berge/ ſteinigte und ungebahnte Wege nach Hecla. Als wir anderthalbe Meil davon/ ankommen/ funden wir den Grund und Boden gantz mit Aſche und Bims-Steinen bedecket/ darüber wir biß an den Anfang des Berges gehen muſten.

Weil es ſchön helle Wetter/ und keine Flamme auff dem Berg zu ſehen war/ entſchloſſen wir uns auff deſſen Spitze zu gehen. Aber unſere Wegweiſer uns zu warnen/ gaben zu verſtehen / daß ſo wir etwas weiter fortgiengen/ ſolten wir in groſſe Gefahr lauffen/ daß wir nicht in die Löcher/ die das Feuer gemacht/ fallen möchten / daraus unmüglich ſeyn würde uns wieder zu retten. Darauff die gantze Geſellſchafft den Muth ſincken ließ/ und wurden anders Sinnes / weren auch ſo wieder umbgekehret/ wie ſie dahin kommen/ wo ich nicht zu ihnen geſaget/ wo ſie wolten Gedult haben und ſo lange warten/ biß ich wieder zurück käme / ſo wolte ichs allein wagen/ und ihnen davon Beſcheid mitbringen; Sie verhieſſen mir / daß ſie ſolches thun wolten/ und einer von den Kauffleuten/ die wir zu Kirkebar angetroffen/ welcher zur Curioſität mit uns dahin gangen/ unterſtund ſich mir Geſellſchafft zu leiſten.

Wir machten uns alsbald auff / gaben unſere Pferde den Wegweiſern/ welche bey dem Edelmann blieben/ und giengen über die Aſche und Bims-Steine/ biß mitten an die Schin-Beine/ gegen die Spitze (des Berges) zu/ allda wir eine groſſe Anzahl Vögel ſo ſchwartz wie ein Pech / auff und ab-fliegen ſahen/ welches Raben und Geyer waren/ ſo allda niſten.

Wie wir eine halbe Meile auff den Hügel fortgangen/ ſpüreten wir / daß es unter unſern Füſſen ſich erſchütterte/ und höreten ein ſeltzam Getreuſche und Praſſeln in demſelben/ welches uns Anzeigung gab daß es hohl were/ und machte uns nicht geringe Furcht/ daß wir hinein ſincken möchten; Eben zu der Zeit vernahmen wir rund umb uns/ an dieſer und jener Seite groſſe Klüffte/ oder Erd-Riſſe/ aus welchen Flammen und Funcken herfür kamen/ wie auch Praſſeln/ und Stanck von verbrandten Bims-Steinen / welches uns dermaſſen erſchreckte/ daß wir eileten wieder zurücke zu kehren/ ſo geſchwind als wir konten/ aus Furcht wir würden verſchlungen werden.

Wie wir bey dreyſſig Schritte zurücke gangen/ brach ein Hauffen Aſche ſo plötzlich aus dem Berg herfür/ (der ſo groß und dicke war/ daß er die Sonne verfinſterte) und fiel dergeſtalt auff uns/ daß wir einander nicht ſehen konten / und das was uns am meiſten erſchreckete/ war / daß wir alle Augenblick neue Feuer-
und

und Aschen-Göffe heraus kommen sahen/ und als Hagel auff uns fallen/ nebenst einen beharrlichen Gereusche und Krachen unter uns/ welches uns greulich zu Schreyen verursachte/ als wenn uns alle höllische Furien überfallen und bedecken wolten/ in dem wir alle Augenblick gewärtig waren/ wenn sich die Erde aufthun und uns verschlingen würde. Solchen vorzukommen/ machten wir uns auff unsere Füsse/ und lieffen so geschwind als uns unsere Schenckel tragen kunten/ wieder herab/ der Gefahr/ darein uns unser Fürwitz gebracht hatte/ zu entgehen.

Die Furcht machte unsern Füssen solche Flügel und gab unsern Leibe sothane Geschwindigkeit/ daß wir in einer viertheil Stunde nicht allein von dem Berge kamen/ sondern auch zu unsern Freunden/ die auff uns warteten/ gelangeten/ welche sich des Lachens nicht enthalten konten/ als sie sahen den Zustand/ darinn wir waren/ unsere Furcht und die Asche/ die uns so schwartz gemacht/ als wenn wir in einem Faß voller Dinten gesteckt hetten. Ihr Lachen aber vergieng ihnen bald/ als sie sahen/ daß wir vor ihren Füssen niederfielen und gleichsam todt waren. Unsere Lebens-Geister und die Sprache entfielen uns; Sie rieben uns wieder zu rechte zu bringen die Schläffe/ zupfften uns bey der Nasen/ und hielten uns Wein-Essig für/ daran zu riechen.

Nach etlicher Zeit/ da wir wieder zu uns selber kommen/ tranck ein jedweder von uns einen Trunck Seck (oder Spanischen Wein) welches uns die Sinnen wiederbrachte/ und alsdann giengen wir wieder unsers Weges/ und begaben uns bey hundert Schritte weit von dem Berge zu zween Brunnen/ der einer immerdar heiß/ der ander so kalt ist/ daß er alles/ was man hinein wirfft/ in Stein verwandelt.

Wir sahen allda einen Bimbs-Stein/ der grösser als ein Schweins-Kopff war/ welcher kurtz zuvor von dem Berge herabgeworffen worden/ da wir uns sehr über verwunderten/ berichtete uns unser Wegweiser/ daß er sie viel grösser gesehen/ und unter andern einen/ den ein Mann nicht von der Stelle bewegen können/ über dieses berichtete er ferner/ daß nebenst dem Feuer/ Flammen/ Dampff und Aschen/ so wir gesehen/ der Berg zuweilen auch siedend heiß Wasser/ zuweilen Flammen/ zuweilen Feuer/ und zuweilen nur Steine auswürffe.

Nach Verlauff dreyer gantzer Stunden kamen wir zu obgemeldten Brunnen/ die nicht über dreyssig Schritt von einander liegen/ und zwar erst zu den kalten/ darein ich eine Spieß-Ruthe/ so ich in der Hand hatte/ hinein stieß/ und wie ich sie wieder heraus zog/ sahe ich mit Verwunderung/ daß das Ende derselben/ welches den Grund angerühret/ in Eisen verwandelt/ und recht schwer
was

war. Von dannen giengen wir zu den heissen Brunnen/ an welchen wir ohngefehr zehen Schritt davon/ einen Hauffen Vögel/ die so groß als Teucher waren/ meistentheils roth / mit einander auff dem Rand des Brunnens spielen und hüpffen sahen/ welches uns sehr ergetzete/ und etwas zurücke hielt/ aus Beysorge sie zu verstören / wie wir aber letztlich hinzu kamen / verschwunden sie alle/ wenn wir aber wieder zurücke giengen/ sahen wir sie wieder als zuvor/ welches scheinet ihre Weise zu seyn/ wenn sie niemand verstöret/ so bald aber jemand nahe zu sie kömpt/ gehen sie alle an den Grund des Brunnens/ welcher nach unsers Wegweisers Bericht ein klein wenig über sechzig Faden tieff ist.

Von diesen Brunnen wandten wir uns nach der See / und als wir eine halbe Meile davon kommen/ höreten wir ein Geheul / als were es einer der einig Unglück bejammerte und beseuffzete/ davon sich unser Wegweiser unterstund/ gleich er andern gethan hatte/ zu bereden/ es were das Klagen der Verdampten/ so vom Teuffel geplaget würden/ und der sie zuweilen mit dem Eise an diesem Orte höfflich erquickete / nachdem er sie eine Weile in dem Berg Hecla gebraten hette.

Wir bekamen sämptlich eine sonderliche Begierde das Eiß zu sehen/ (weil sonst rund umb die gantze Insul keines ist) so bald wir dahin kamen / vermerckte ich/ daß das eingebildete Heulen und Klagen der Verdampten vom Eise herkam/ und sonst anders von nichts/ als von der Bewegung des Windes und des Wassers und unabläßigen an einander stossen der Stücken Eises/ oder derer Anschlagung an die Klippen.

Dieses Eiß / so wir mögen die Wort unsers Wegweisers gebrauchen/ kompt beständiglich umb das Ende des Junij und vergehet wieder den 15. September, welches zween Tage hernach war / als wir da waren.

Von dannen kehreten wir wieder nach Kirkebar / allda wir drey Tage hernach ankamen/ und von dannen wieder nach unserm Schiffe kehreten/ darinnen wir den Gouverneur über Ißland/ sampt dem Bischoff zu Scalhoult/ antraffen/ welche kommen waren/ dieselbe auff eingelangete Zeitung von unserer Ankunfft zu sehen/ und weil sie gehöret daß wir in Zembla gewesen waren.

Das XLIV. Capitel.

Die Wohnung/ Arth zu leben/ und Aberglauben der Ißländer/ nebenst andern sonderbahren Dingen.

Die meisten Ißländer haben ihre Wohnung in Höhlen / die in Felsen gehauen

hauen ſind/ etliche aber unter ihnen haben ihre Häuſer/ wie die in Lapland haben/etliche von Fiſchbeinen/etliche von Holtz gemacht/und mit Raſen von Erden bedecket/ Ihr Vieh und Sie ſeynd Schlaffgeſellen/ und wohnen unter einem Dach; Die Männer ſind ſehr grob/die Weiber etwas beſſer/meiſtentheils ſchwartzbraun/ wie die Norweger ſind. Ihre Röcke ſind ins gemein von Hänffen Leinwand/etliche aber unter ihnen von Meer-Kalbs-Fellen/die Haare außwerts gekehret.

Ihre gantze Verrichtung iſt fiſchen. Sie ſind rechte unflätig/grob/wild/und die meiſten unter ihnen Zauberer/beten den Teuffel an/den ſie Kobalde nennen/ der ihnen offt in Menſchlicher Geſtalt erſcheinet: Sie haben auch noch einen andern Götzen von Holtz/ der gar gröblich mit einem Meſſer geſchnitzet iſt/ welchen ſie wohl zeigen aber gar ſelten/ aus Furcht er möchte ihnen von einem Lutheriſchen Prieſter genommen oder entzwey geſchlagen werden/welche ſie in der Chriſtlichen Lehre unterweiſen/ und ſie aus der Slaverey des Satans zu erretten ſich bemühen.

Sie haben meiſtentheils Trolles/ wie ſie ſie nennen/ welche familiare Geiſter ſind/die ihnen gar getreulich dienen/ und offenbahren ihnen all bevorſtehendes Unglück oder Unheil; Wenn ſie ſchlaffen/ſo wecken ſie dieſe Geiſter auff nach ihrer Fiſcherey zu gehen/wenn das Wetter ſchön iſt/und ſo ſie jemahls ohne derer Antrieb hingehen/ mögen ſie die gantze Zeit über weitlich fluchen/ ſo fangen ſie eben ſo viel Fiſche.

Sie ſind ſo fertig in ihrer Schwartzen-Kunſt/daß ſie denen Frembden/ der fürwitzig iſt/ zeigen können/ was in ihren eigenen Häuſern/ in ihrem Lande/ geſchicht; Sie werden einem Nachricht geben/ob ihre Väter/Mütter/Geſchwiſter/ oder Freunde/(davon ſie Nachricht zu haben begehren) lebendig oder todt ſind; Sie verkauffen auch einem jedweden den Wind/ wer ihn kauffen wil/wohin einem ſolchem zu reiſen beliebet.

Der Commiſſarius zu Kirkebar und andere mit ihm/erzehleten mir im rechten Ernſt/(wie er vermeynet daß ich es ſolte geglaubet haben) daß diejenigen/ſo an dem Fuß des Berges Hecla eines Tages fiſchen geweſen/ als ohngefehr eine Feldſchlacht an einem Ort in Europa geſchehen/eigentlich geſehen/daß die Teuffel aus dem Berge kommen/ und mit Menſchen Seelen wieder hinein gangen/ die ſie auff ihre Rücken/wie die Bienen ihren Honig auff ihren Füſſen holen und führen/ getragen.

So es ſich zuträgt/ daß einer von ihren Freunden geſtorben iſt/ und ihnen aran gelegen iſt zu wiſſen/ was ihnen zukommen/ gehen ſie zu dieſen Zauberern/

da erscheinet der Krancke alsbald/gantz Melancholisch/und auß dieser Bezeigung versichern sie/daß er gewiß todt / und bey dem Teuffel ist / (den er bekennen muß daß er nicht der beste Meister ist) und bittet sie/daß sie sich nicht mehr seinetwegen bekümmern / denn er sey in den Berg Hecla gesetzet / und ehe sie dahin kommen/ kan er sie nicht mehr erfreuen.

Das Feld in Jßland / ob es gleich schön und voller Weide / dennoch kan es keinen Weitzen/ oder irgend ein ander Getreydige zu Brodt herfür bringen / in ansehung der höchsten Kälte an dem Orte / wegen den scharffen NordOsten Wind/damit sie ohn unterlaß geplaget werden.

Das XLV. Capitel.

Des Authors sampt der übrigen Dänen Weg-zug vom Vor-gebirge Hori. Ihre Ankunfft zu Kopenhagen/und daß Ihr. Königl. Mayest. von der Nordischen Gesellschafft in zwey Meer-Pferds-Hörnern bestehendes übergebenes Geschenck/ welche vor Einhorn angenommen worden.

Drey Tage hernach als wir von unserer Reise nach Hecla wieder zu unsern Schiffen kommen/ welches der 2. September war/ und ein Nordwind/so uns sehr dienlich/ wehete/ lichteten wir die Ancker und giengen weg/ richtend unsern Lauff S.S.O./Da wir nun etliche Tage allemal wohl gesegelt/ wurden wir plötzlich mit einen rauhen Wind N.N.W. überfallen/welcher uns auff die Norwegische Kuste trieb/da wir/(weil wir das Vorgebirge zu Talso erkenneten/welches eine kleine Stadt auff einer Höhe nebenst ein sehr festes Schloß/ ohngefehr vier Meilen von der See ist/) überaus erfreuet wurden/in Hoffnung/unsere Reise würde nun bald zum Ende seyn. Aber wir rechneten ohne den Wirth/ den wir waren nicht zwölff Stunden auf der Küste gewesen/da enderte sich der Wind mit dem Mond/und zwang uns wieder in die See zugehen/den Klippen zu entgehen/ wie auch der Gefahr/daß wir nicht möchten wieder zurücke getrieben werdē. Wir vermochten aber in Warheit für Mühe und Arbeit thun/was wir wolten/konten wir doch nicht verwehren/daß wir nicht bey vierzig Meilen wieder zurücke getrieben worden; Als der Sturm über war / geschach es daß wir noch einige Zeit von

einer

einer See-Stille auffgehalten wurden; mitlerzeit wurden wir gegen S. S. W.
einer grossen Wolcken-bruch (Seilon) gewahr/ welche unsere Schiffleute gar
sehr erschreckete/ und nötigte sie alsofort ihre Segel loß zulassen und einzuziehen/
damit sie nicht über uns brechen möchte. Sie kam aber bey zwo Meilen weit nicht
zu uns/ da wir sie denn eigentlich niederfallen sahen. Diese Wolckenbrüche (Seilons) sind eine Art dicke schwartze Wolcken/ an der Gestalt wie Pfeiler/ welche
offtmals in der See zu sehen sind/und so sie zu zeiten auff ein Schiff treffen/ so verderben sie solche durch das überhäuffte Wasser / damit sie dasselbe anfüllen / und
schlagen es recht in Grund/ wo sie in gleicher Linie darauff fallen. Wie die See-
Stille vorbey war/ bekamen wir einen N. O. Wind/ welcher in zehen Tagen unsere Reise endigte/ und uns in Kopenhagen brachte / allda nach begrüssung der Festung wir vor Ancker zu liegen kamen/ setzten unsere lange Boote auß/ und traten
ans Land so bald wir kunten.

Wir waren kaum in die Stadt kommen / da befahl Ihre Mayest: / welche
Nachricht erhalten/ daß wir drey oder vier Zemblaner mit uns gebracht/ uns nach
Hofe forderte/ weil deroselben diese Wilden zu sehen verlangete. Wir kamen solchen Befehl gehorsamblich nach/ und warteten deroselben sampt ihnen auff. So
bald Ihre Mayest: solche ersahe/ verwunderten Sie sich zum höchsten beydes über
derer Kleidung als Leibes Gestalt. Der König gab dem Gouverneur auf dem
Schloß Befehl/ daß er sie versorgete und zusehe daß ihnen nichts mangelte/ was
sie bedürfften / und daß man Sie dieses Landes Sprache so wohl und eigentlich/
als es immer müglich/ lehrete: Darauff/ nachdem wir von allen Landschafften/ die
wir gesehen/ und von den Sitten und Gebräuchen der Völcker unterthänigsten
Bericht gethan/ wir unsern Abscheid erhielten / und begaben uns zu den Vorstehern der Compagnie/ denselben wegen unserer Handlung Rechnung zuthun/ damit Sie sehr wohl zu frieden waren/ und liessen unser Schiff in Christians-Haven/ woselbst ihr Handels-Hauß ist/ bringen/ daß es allda außgeschiffet und abgeladen würde.

Einer von den Vornehmsten der Compagnie ward von den übrigen verordnet/ in ihrer aller Namen Ihrer Mayest: zwey Meer-Roß Hörner/ die wir
mit uns heimgebracht hatten/ zu præsentiren/ welche Ihre Mayest: als ein gar
hochschätzbar Geschenck annahm/ in Meynung/ es weren Einhorns-Hörner/ von
derer Krafft und Tugend so viel Authores geschrieben. Er ließ sie alsofort unter seine besten Raritäten legen/ und versprach der Compagnie alle Gnade zu erweisen/ begabete auch dem Uberbringer mit einer güldenen Ketten sampt daran
hangenden Brust-Bilde/und schenckte ihnen darneben den Zoll.

Das

Das XLVI. Capitel.

Der gemeine Irrthumb von dem Einhorn/und dessen Horns Krafft und Tugend.

Weil ich gleich anitzo des Einhorns gedacht / dessen Horn wegen der grossen Krafft und Tugend so ihm zugeschrieben wird/so theuer ist. So muß ich sagen/daß sehr schwer zu wissen ist/was das rechte Einhorn für eine Creatur oder Geschöpff ist / denn es seynd mancherley Thiere die die Griechen Monoceros, die Lateiner Unicornis nennen; Gleich wie unter den vierfüssigen Thieren allerley Esel/wilde Ochsen/und der Stier in Florida. Unter den Schlangen ist die gehörnete Schlange (Aspis) der rothe Salamander; Unter den Fischen der Pirassoepi, der Meer-Elefant/das Meer-Pferd/ der Caspile und Utelef. Dergleichen sind auch unter den Vogeln/und unter den Ungeziefer/die Art der Baum-Schröter/welche in Flandern/Engeland und Picarde gemein sind/ und das fliegende Einhorn genennet werden / nebenst andern unterschiedlichen Arten Geschöpffen mehr/ welche in grosser Anzahl in Indien gefunden werden.

Etliche wollen/daß dieses Einhorn sey ein Thier auff der Erden/etliche im Wasser/und etliche ein Amphibinen, oder das in beyden zugleich lebet.

Plinius sagt/ daß das Einhorn ist einen Ochsen gar gleich / weiß-fleckicht/ nur daß der Fuß ungespalten und rund ist wie an einem Pferde.

Munsterus wil haben / daß es einem drey-Jährigen Füllen gleich sey/ an Farbe wie ein Wiesel/der Kopf gleich einem Hirsch/die Schenckel geschlancker/ die Klauen gespalten/ mit einem Horn an seiner Stirn/bey zwo Ellen lang.

Marcus Paulus ein Venetianer saget/ daß es einem Elefant gleich sey/ an Gestalt und Farbe/nur ein wenig kleiner/und der Schwantz wie an einem Ochsen/ der Kopf gleich einem Schwein/ aber so schwer/ daß er allezeit zur Erden herab hänge.

Philostratus beschreibt es / daß es an dem Kopffe sey wie ein Drache / mit einem Horn / das aber nicht so gar groß sey/ in der Mitten gewunden wie eine Schnecke/und habe einen Bart an dem Kinne/einen langen Halß/Füsse wie ein Löwe/der übrige Leib sey gleich einem Hirsch/und die Haut wie eine Schlange.

Hesiodorus giebt vor/ es sey so geschwind/ daß es nicht müglich zu fangen/ was für Künste auch die Jäger darzu gebrauchen mögen.

Ludewig Paradis erzehlet/ wenn einige gefangen wurden/ so fütterten sie dieselbe mit Erbsen/Linsen und Bohnen/ daß sie so hoch weren als ein Irländischer

scher Windhund/aber nicht so geschlanck/gibt ihnen Haar an der Farbe wie ein Biber/gantz glatt/der Hals dünne/die Schenckel und Füsse und Schwantz/wie eine Hindin/der Kopff kurtz und mager/das Maul wie an einem Kalbe/die Augen groß/die Ohren klein/ und zwischen denselben ein Horn / gantz dünne/ auswendig schwartz-braun/ und ohngefehr eines Fusses lang.

Thevetus sagt für gewiß/daß das Einhorn sey so groß als ein halbjähriger Ochse/an Schenckeln und Füssen wie ein Esel/habe Ohren wie ein Renn-Thier/ und trage das Horn oben auff dem Kopffe.

Ludewig de Barthene sagt/es sey gleich einem Wasser-Pferde/nur daß es die Klauen gespalten und ein Horn mitten an der Stirn habe.

Volnesius versichert/ daß Rhinoceros das rechte Einhorn sey/ Garcius, der Camphur, und Johann Corbichon das Egbiceron.

Albertus sagt/ das rechte Einhorn sey anderthalb Hand breit an dem Ansatz/ und zehen Fuß lang.

Ludewig Barthenus sagt/ es sey drey Faden oder Klafftern lang. Münster drey Ellen/ Marcus Paulus zwo/ Ludewig Paradis anderthalb Fuß/ Nicolaus der Venetianer/einen Fuß/ und Cardanus nur drey Finger lang.

Plinius sagt/das Horn sey schwartz/ Solinus, Purpurfarbig; Paradis, wie eine frisch-entzwey gebrochene Rhabarbar; Albertus, wie ein Hirschhorn / und andere sagen beständig /daß es weisser sey als Helffenbein.

Wenn ich aller Autorem mißhellige Meynungen über diesem Einhorns Horn betrachte/da es einer so/der ander anders beschreibet/bilde ich mir gäntzlich ein/sie haben entweder aus Mißgunst oder Eyfer davon gehandelt/sich selber in Verwunderung zu setzen/welche Meynung der gelehrte Baceius bekräfftiget/vorgebend / daß solchen Autoribus nicht zu gläuben/ als welche von diesem Thier nichts gewust/ als was sie von Hörensagen gehabt/ und kein Mensch es jemahls gesehen/eben so wenig als einen Phœnix.

Was dieses Horns vom Einhorn Krafft und Tugend anlanget/gesetzt daß dieses alles was davon erzehlet worden/und was sie uns davon auffdringen wollen/wahr sey/bin ich doch versichert/ daß es nicht mehr Krafft hat / als das Horn von einem Hirsch-bock/oder einem stück Helffenbein/welches vielfältig gebraucht wird zu stopffung des Blutspeyens / der Gulden Adern / und Bauchfluß / so sie durch eine zusammen ziehende Krafft/(oder vielmehr durch eine eigentliche malignität oder Boßhafftigkeit heilen / welche zusammen ziehende Krafft durch ihre irrdische substantz verursachet wird) die da die Gänge in den Blut- und Puls-Adern stopffen und erstecken/welches vielmehr einem Gifft/denn einer Herstärckung

ckung zugehöret. Gleich wie der Stein/ so von einem gewissen Raths-Schreiber aus Schwefel und Victriol gemacht wird/ der wenn er in zwantzig Eimer fliessend Wasser geworffen wird/ eine Tinctur geben soll vor allerley Kranckheiten; ebenmäſſig wie etliche Marckſchreyer nun mit ihren Pulvern aus Edelgeſteinen/ Gold und Perlen/ thun/ die ſie für groſſe Gifftreibende Artzeneyen auſſſchreyen/ da doch alle erfahrne Artzte wiſſen/ daß ſie nur Betriegerey ſeyn/ und ſo ſie ja jemals einige Erleichterung geben/ ſolches mehr geſchicht durch die Dinge/ damit ſie werden eingegeben/ als durch ihre eigene Eigenſchafft oder Tugend. Die Urſache deſſen iſt/ weil nichts/ das Nahrung zu empfangen/ untüchtig iſt/ dieſelbe auch nicht geben kan/ als da ſind Perlen/ köſtliche Edelgeſteine und Gold; welche ſo ſie mit einiger nehrenden Krafft begabet weren/ würde ein reicher Mann/ſo lange als ſie währeten/ nicht von Hunger ſterben/ noch einiger Frau/ das jenige begegnen/ was in der Belägerung Jeruſalem viertzig Jahr nach unſers Seligmachers Leyden und Sterben geſchehen/ wie Joſephus in der Jüdiſchen Hiſtorie meldet. Laſſe derhalben die Meynung des Gabriel de Caſtagne und anderer von ſeinen Anhang fahren/ welche bekräfftige/ daß das Gold inwendig eingenommen/ die gröſſeſte Artzney in der Welt ſey/ da es doch vielmehr ein Gifft iſt/ als geſehen werden kan an deſſen Geruch und Geſtanck/ welcher offtmahls die Bergleute/ über ihrer Arbeit tödtet und umbbringet.

Und zu mehrern Beweiß/ daß das Horn von einem Einhorn/ keine Krafft in ihm habe/ und deßwegen keine Hertzſtärckende Artzney iſt/ hat es nicht mehr Geruch noch Geſchmack als ein Bein/ und derowegen auch nicht mehr Krafft noch Tugend.

Das XLVII. Capitel.

Des Authors Bedencken über einen Irrthum/ ſo unſere Weltbeſchreiber haben/ in Setzung Grönland und Zembla/ mit Anmerckungen über die/ ſo von Voygat und den Samojeden geſchrieben.

Als bey meiner Wiederkunfft aus dieſen Nordiſchen Landſchafften/ mir allerhand Land-Charten der fürnehmſten und berühmteſten Weltbeſchreiber in die

die Hände kamen/ nam mich Wunder wie sie alle einmühtiglich geirret in Setzung der Landschafft Zembla/ welches sie näher dem Nord-Pol setzen/ als es warhafftig ist/ und Lapland N.O./ da es doch in Warheit mehr gegen Norden lieget. Sie theilen solches gleicherweise durch die See von Grönland/ und setzen es über zwölff Hundert Meilen davon/ da es doch zwo an einander liegende Landschafften sind/ und die Kuste von Grönland mit der Kuste von Zembla an einander grentzen/ also nichts als der grosse Schnee und die gewaltige Kälte diese Grentzen unbewohnhafftig machet/ sonst würde die Reise zu Land von Grönland nach Zembla/ und von Zembla über die Pater noster-Berge/ in Samojesia/ und von dannen in die Tartarey oder die Moscau nach belieben gar leichte seyn.

Ich verwunderte mich gleicher gestalt/ als ich sahe/ daß sie die Enge/ so Voygat genennet wird/ nicht über zehen Frantzösische Meilen in der Länge beschreiben/ da sie doch über fünff und dreyssig Meilen/ welches sechs mahl so weit ist/ in sich begreifft. Weiter wollen sie uns bereden/ daß unsere Schiffe durch diese Meer-Enge in das grosse Tartarische Meer kommen können/ welches ein Irrthum ist/ ob sie schon mit Warheit sagen wollen/ daß zur Zeit Printz Moritz von Nassau ein Holländisch Schiff diesen Weg in das gedachte grosse Meer gangen sey. Aber das ist ein offenbahrer Irrthumb. Denn diese Meer-Enge/ wie ich vor gedacht/ mit den Pater Noster-Bergen gräntzen/ davon der Letztere über eine halbe Meile hoch/ und dessen Spitze immerwehrend mit Schnee/ der nimmer schmeltzet bedecket ist. Und davon ich ein gewiß und beständiges Zeugnuß geben/ als der ich selber in dieser Enge/ unter diesen Bergen in den Hunds-Tagen/ welches die heisseste Zeit im Jahr ist/ gewesen/ und es rechtschaffen kalt befunden/ weil der Winter zu allen Zeiten des Jahrs beharlich an diesen Orten bleibet/ gleich wie der Sommer in der Magellanischen Meer-Enge/ so nahe den Antarctischen Pol lieget/ allezeit wehret.

Wie die abgelegenen Länder gegen Süden/ die Unbekandten heissen/ also können die in eben solcher distantz gegen Norden gelegenen Länder gleichfals unbekandt genennet werden. Jedoch/ ob solche uns gleich biß anitzo unbekand sind/ so zweiffele ich doch nicht/ so wir nur hetten Gelegenheit gehabt weiter zu gehen/ hetten wir wohl Volckreiche und bewohnte Landschafften antreffen wollen/ die wir eine neue Welt nennen möchten/ nach dem Exempel Christophori Columbi, Magellani und anderer/ welche ihre gefundene Länder mit ihren Nahmen genennet haben/ und sind darinnen dem Democrito, Epicuro, und Metrodoro nachgefolget/ welche wollen daß viel Welten seyn/ zuwider des Hermetis Frismegisti und Platonis Lehr/ welche bejahen/ daß nur eine Welt sey/ die Gott nach

nach seinem Wohlgefallen erschaffen/ davon kein Mensch Nachricht geben kan/ weder von ihren End/ noch Anfang/ Höhe/ Tieffe/ oder Mittel; Ob uns gleich unsere Weltbeschreiber andere Dinge in ihren Planisphariis erzehlen/in dem sie den Polum Arcticum zur Spitze/den Polum Antarcticum zum Grund/und den Æquator zur Mitten setzen. Mit welchen Strabo nicht übereinstimmet/ der da saget/der Berg Parnassus in Griechenland sey das Mittel der Welt. Berosus setzet das Gebirge Ararat in Armenia. Und viel andere wollen haben/ daß es Jerusalem sey.

Ich möchte wohl von unsern Welt-Beschreibern wissen/ an was Ort sie alt Zembla hinsetzen wolten. Ich bin der Meynung/ so sie in der neuen Welt gewesen weren/so würden sie bekennen/daß kein anderes were. Das neue Holland/ West-Frißland und Capo d' Hyver, seynd in der Enge Weygat/ und nicht an der andern Seiten des Tartarischen grossen Meers / dahin sie es gesetzet haben. Und derjenige/ welcher in seiner Erzehlung von den Zustand der Muscau/ von den Samojeden redet/so er unter ihnen gewesen/ und mit ihnen umbgangen were/würde nicht geschrieben haben/daß sie die Fremden fressen/und daß der Groß-Fürst seine Halß-brüchige Ubelthäter dahin sende/daß sie von ihnen auffgefressen würden/welches gantz falsch ist. Ob schon ihre Leiber ungestalt/ und ihr Verstand tölpisch und grob ist / ob sich gleich keine Erkäntnuß Gottes haben / noch Furcht vor der Pein in der andern Welt / (weil sie glauben daß ihre Leiber und Seelen mit einander sterben) ob sie schon scheinen das elendeste Volck auff Erden zu seyn/welche in Sommer von Bähren/Wölffen/Füchsen/Raben/Adlern und andern wilden Thieren eben/ die sie erst jagen/ und alsdann in ihren Hütten auff Kohlen braten und essen / im Winter aber mit nichte als an der Sonnen zur Sommers Zeit getreugten Fisch sich erhalten/ ausser daß sie zufälliger Weise etliche dieser Bähren zu der Zeit umbringen/welche weil sie wegen des Schnees im Felde nichts zu leben haben/ vor ihre Häuser kommen/ sie zu fressen. Nichts destoweniger ungeachtet aller dieser Ungelegenheiten/ sind sie doch Gastfrey von Natur/ nehmen die Fremden als sich selbsten auff/ und thun ihn kein Gewalt noch Unbilligkeit an/ ja ob sie gleich grausam und barbarisch scheinen/ so sind sie doch erbar/ und auffrichtig/ welches sehr viel ist/ in Betrachtung sie Nachbaren sind des allergrausambsten Volcks in der Welt / welches sind die Tartarn und Tingorsen/ mit welchen sie so grossen Handel und Umbgang an dieser Seiten/ als sie mit den Siberianern/Borandianern und Lapländern an der andern Seiten haben.

ENDE